永远的怀念

——谷书堂纪念文集

逄锦聚　陈宗胜　主编

南开大学出版社

天　津

图书在版编目(CIP)数据

　　永远的怀念：谷书堂纪念文集 / 逢锦聚，陈宗胜主
编. —天津：南开大学出版社，2017.11 (2019.5重印)
　　ISBN 978-7-310-05481-7

　　Ⅰ.①永… Ⅱ.①逢… ②陈… Ⅲ.①谷书堂(
1925－2016)－纪念文集 Ⅳ.①K825.31－53

　　中国版本图书馆 CIP 数据核字(2017)第 243281 号

版权所有　　侵权必究

南开大学出版社出版发行

出版人：刘运峰

地址：天津市南开区卫津路 94 号　　　邮政编码：300071

营销部电话：(022)23508339　23500755

营销部传真：(022)23508542　　邮购部电话：(022)23502200

＊

北京隆晖伟业彩色印刷有限公司

全国各地新华书店经销

＊

2017 年 11 月第 1 版　　2019 年 5 月第 2 次印刷

230×170 毫米　16 开本　15.5 印张　21 插页　193 千字

定价：78.00 元

如遇图书印装质量问题，请与本社营销部联系调换，电话：(022)23507125

谷书堂教授

（2014 年摄于南开大学家中）

谷书堂小传

谷书堂（1925 年 10 月 18 日—2016 年 3 月 27 日），著名经济学家、教育家，山东威海人。1946 年入南开大学经济学系学习，1950 年毕业前夕被选调到天津市委宣传部工作，1951 年调回南开大学任教，长期在南开大学经济学系、南开经济研究所、经济学院从事经济学教学与研究，历任南开大学经济学系主任助理、党总支书记、南开经济研究所常务副所长、所长和经济学院院长等职。

谷书堂毕生致力于马克思主义政治经济学和社会主义经济理论研究，在政治经济学基本理论和社会主义商品经济、价值理论、分配理论以及社会主义政治经济学理论体系的建设等方面进行了开创性研究并卓有建树。20 世纪 50 年代曾提出了"两重含义的社会必要劳动时间共同决定价值"的理论观点和"把物质利益原则作为社会主义社会的一个根本经营原则"的理论主张；20 世纪 60 年代再论"价值决定"，引起全国讨论；20 世纪 80 年代初期主持国家重点科研项目"中国经济体制改革的理论依据研究"，完成并出版项目成果《社会主义商品经济和价值规律》，系统提出并论证了"社会主义商品经济"理论；1988 年系统提出并论述"按要素贡献分配"的观点。其在经济学教材方面的贡献主要有：1979年与宋则行教授合作主编出版的《政治经济学（社会主义部分）》（北方本），被教育部指定为全国文科院校统编教材，先后出版 8 版，发行逾 150 万册，并获国家级优秀教材奖和优秀教学成果奖；

他主编的《社会主义经济学通论》被国务院学位办推荐为全国硕士研究生教材，获得国家级优秀教学成果奖。

谷书堂先生获得的主要荣誉有：1991年获国务院"政府特殊津贴"；1995年获教育部"全国优秀教师"称号；曾多次入选《中国世纪专家》、《中国知名科学家学术成就概览》等名人传记；2012年，获南开大学"荣誉教授"称号和"特别贡献奖"。

前　言

2016 年 3 月 27 日，我国社会主义政治经济学的一代宗师、南开大学教授谷书堂先生于天津病逝，享年 91 岁。谷书堂教授一生悉心育人，有教无类，桃李满天下，深受广大师生的爱戴；他潜心研究，著书立说，论著等身，为我国政治经济学界一泰斗；他锐意创新，矢志改革，重视实践，为南开大学经济学科的振兴，为中国特色社会主义经济改革与开放，做出了永载史册的重大贡献。

在谷书堂教授罹病期间，校内外广大师生、国内外众多弟子、学界专家名流及有关各界领导非常惦念，多人多次到家中或医院探望和慰问。谷书堂教授仙逝之后，南开大学设立灵堂，各年级弟子、生前友好、在校师生及亲人家属和各级领导纷纷前往吊唁或参加送别仪式，有的寄来唁电和悼念诗词，有的在北京等地或海外举行悼念活动，表达对谷先生去世的无限悲痛与深切哀悼。

在谷书堂教授逝世一周年之际，南开大学经济研究所、经济学院举办了纪念谷先生的理论研讨会，亲属安排了骨灰入土安葬仪式，部分学生校友酝酿、议定了捐建谷书堂教授纪念雕像方案，同时决定将谷书堂先生去世前后的相关影像、悼念文章、纪念诗词、追悼挽联和其他追忆材料，编辑成书，以作为永远的纪念。

本书编辑组成员包括逄锦聚、陈宗胜、周云波、郭金兴、王璐。

逄锦聚　陈宗胜
2017 年 3 月

目　录

一、悼念篇

二、追忆篇

三、贡献篇

一、悼念篇

　　谷书堂教授的辞世是中国经济学界的重大损失，更是南开大学的重大损失。谷先生去世后，教育部、国家行政学院、天津市委市政府、南开大学、全国兄弟高校等机构和部门的各级领导、师生代表、谷先生的亲传弟子和再传弟子，以及谷书堂教授的老同学、老同事、老朋友等先后发来唁电，敬送了花圈、挽联和挽幛；一些学生和亲属撰写了诗词和挽联，追悼、纪念、颂扬谷先生一生的功绩和美德；很多人不辞辛苦、不惧劳累，从四面八方赶到谷先生的灵堂拜祭，到殡仪馆参加谷先生的遗体告别仪式。我们从中选取部分宝贵的影像和文字材料编辑如下，以兹纪念。

社会各界沉痛悼念、吊唁谷书堂教授辞世

天津市第一殡仪馆送别厅谷书堂先生遗像

谷书堂教授夫人、儿女及各界亲属参加送别仪式

校内外有关领导及社会各界代表参加谷书堂教授送别仪式

校内外有关领导及社会各界代表鞠躬送别谷书堂先生

南开大学经济学院设立谷书堂先生吊唁灵堂

中共中央委员、国家行政学院党委副书记、常务副院长马建堂,在天津市
人民政府和天津市统计局有关负责同志陪同下吊唁谷书堂教授

中共天津市委原常委、天津市前副市长宗国英吊唁谷书堂教授

天津市政协副主席、南开大学原党委书记薛进文慰问谷书堂教授亲属

南开大学校长龚克吊唁并慰问谷书堂教授夫人伏义琴老师

南开大学原校长侯自新教授吊唁谷书堂教授

南开大学原副校长朱光华教授慰问谷书堂教授亲属

南开大学原副校长逄锦聚教授慰问谷书堂教授亲属

天津市人民政府原副秘书长陈宗胜慰问谷书堂教授亲属

深圳市原副市长唐杰慰问谷书堂教授亲属

天津财经大学校长李维安教授慰问谷书堂教授亲属

南开大学副校长佟家栋教授慰问谷书堂教授亲属

中国人民大学经济学院院长张宇教授与南开大学领导看望谷书堂教授亲属

中国社会科学院研究生院原院长刘迎秋教授慰问谷书堂先生的亲属

深圳海王集团董事长张思民慰问谷书堂教授亲属

原国家发改委宏观院常修泽研究员看望伏义琴老师

浙江财经大学周冰教授看望伏义琴老师

谷书堂教授生前部分老同事代表吊唁谷书堂教授(1)

谷书堂教授生前部分老同事代表吊唁谷书堂教授(2)

谷书堂教授生前部分老同事代表吊唁谷书堂教授(3)

谷书堂教授不同时期的学生在子女陪同下吊唁恩师

南开大学经济学院现任班子成员吊唁谷书堂教授

南开经济研究所第八届班子主要成员吊唁谷书堂教授

南开大学经济学系班子领导成员及青年教师和学生代表吊唁谷书堂教授

中华人民共和国教育部为谷书堂教授致送花圈

中共天津市委、市人民政府为谷书堂教授致送花圈

南开大学为谷书堂教授致送花圈

天津市委、市政府、南开大学有关领导为谷书堂教授敬送的花圈

经济学各界代表为谷书堂教授敬送的花圈

社会各界悼念谷书堂教授（1）

社会各界悼念谷书堂教授（2）

北京众弟子为谷先生举办悼念会

2016 年 3 月 27 日晚 17:56,谷书堂教授与世长辞。大师仙逝,学界震惊,弟子悲恸。3 月 28 日晚 8 点,在京的谷老师的弟子、弟子的弟子及曾受教于谷老师的学子 60 余人,自发组织了一场悼念谷老师的烛光追思会。

追思会由高明华主持,蔡继明宣读了谷老师生平,常修泽、刘迎秋、邹东涛、王学东、赵农、宁咏、张明玉、王建民、李晟、王勇、魏成龙、刘五书、彭丽红、张俊伟、刘剑雄、蔡卫星等先后发言,缅怀谷老师坎坷和光辉的一生。

会上传达了徐绍史、马建堂、刘伟、黄泰岩以及张南征、臧旭恒、吕国平、徐刚、吕德斌等因故未能出席会议的诸位学友对谷老师的悼念和崇敬之情。

2017 年 3 月 27 日谷先生逝世一周年之际亲属举行骨灰安葬仪式

谷书堂教授辞世后社会各界发来的唁电

复旦大学经济学院的唁电

南开大学经济研究所并谷书堂同志治丧小组:

惊闻谷书堂先生逝世,噩耗传来,不胜哀戚。我谨代表我个人和复旦大学经济学院对先生的离去表示最沉痛的哀悼。谷老先生为我国社会主义经济理论的研究,为商品经济、价值理论、分配理论和社会主义政治经济学理论体系的构建,做出了杰出贡献。先生驾鹤西归,留给我们无尽哀思;先生音容宛在,鞭策我们不断前行。在此,复旦大学经济学院专函致哀,并祈望亲属节哀珍重!

肃此电达。

复旦大学经济学院　张军

2016 年 3 月 28 日

山东大学经济学院的唁电

谷书堂先生治丧委员会：

惊悉谷书堂先生因病逝世，我们感到万分悲痛。

谷书堂先生作为著名经济学家、南开大学经济研究所名誉所长、教授、博士生导师，并兼任中国宏观经济学会常务理事、天津市政府咨询委员会副主任、天津哲学社会科学联合会副主席、天津市经济学会会长，在国家重大决策的参政议政、教学、科研以及国际学术交流等方面做出了杰出的贡献，是一位德高望重的教育大家。

谷书堂先生一生热爱祖国、淡泊名利、治学严谨、学识渊博。作为社会主义经济理论奠基人之一，在研究领域耕耘不辍、成果丰硕。谷书堂教授对学问的追求非常执着，论著甚丰，他主编的政治经济学教科书《政治经济学（社会主义部分）》〔北方本〕，发行逾百万册，影响了几代经济学人，培养了大量经济学科的杰出人才。他崇高的学术风范，受到国内同行的广泛尊敬和爱戴。先生的逝世是贵校乃至全国经济学界和业界的重大损失。山东大学经济学院谨向谷书堂先生的逝世表示深切的哀悼，并向亲属表示诚挚慰问。

谷书堂先生千古！

山东大学经济学院

2016 年 3 月 28 日

西南财经大学马克思主义经济学研究院、
经济学院的唁电

南开大学谷书堂先生治丧委员会：

惊悉谷书堂先生逝世，深感悲痛。谨此向谷书堂先生表示沉痛哀悼，向谷书堂先生的家属表示诚挚慰问。

作为我国著名经济学家，谷书堂先生长期致力于社会主义经济理论的研究，在商品经济、价值理论、分配理论、经济体制改革理论等方面著作等身，成就卓著，为中国特色社会主义经济学的发展做出了突出贡献。

作为西南财经大学马克思主义经济学研究院的特聘高级学术顾问，谷书堂先生对我院理论经济学特别是政治经济学学科建设与发展给予了长期的关怀和无私的帮助。先生的逝世，是我院政治经济学事业的重大损失！

我们一定要化悲痛为力量，戮力前行，将谷书堂先生的未竟事业继续下去，为社会主义经济理论丰富发展贡献力量。

谷书堂先生千古！

西南财经大学马克思主义经济学研究院
西南财经大学经济学院
2016 年 3 月 28 日

中国人民大学经济学院的唁电

谷书堂教授治丧委员会：

惊悉谷书堂教授不幸病逝，不胜悲痛。

谷书堂教授是我国著名经济学家和教育家，是全国高校政治经济学学科领军人物，他长期致力于社会主义经济理论研究和社会主义政治经济学理论体系的构建，为国家培养了大量优秀的经济学人才，为发展和繁荣我国马克思主义政治经济学科做出了重要贡献。谷书堂教授的逝世不仅是贵校不可弥补的损失，也是我国学术界和教育界的重大损失。

谷书堂教授一生严谨治学，为人师表，成果丰硕，桃李芬芳，永远是我们学习的榜样。谷书堂教授是我院及我院多位老一辈经济学家的老朋友、好朋友，彼此有着密切的联系和亲密的合作。我们对谷书堂教授的不幸逝世表示沉痛哀悼，并向其家属表示亲切慰问，望节哀顺变！

请治丧委员会代表我院以"中国人民大学经济学院"的名义敬送花圈，以表敬意。

中国人民大学经济学院

2016 年 3 月 28 日

黑龙江大学经济与工商管理学院的唁电

谷书堂先生治丧办并转其亲属：

惊悉谷书堂先生不幸逝世，黑龙江大学经济与工商管理学院全体师生对谷老先生的去世深感悲痛，谨表沉痛哀悼，并向谷老先生亲属表示亲切慰问。

谷书堂先生一生致力于社会主义政治经济学研究和经济学人才培养，为中国经济学发展做出特殊贡献，培养了一大批活跃于中国经济学界的优秀人才。我们将铭记谷书堂先生的教诲，化悲痛为力量，努力为培养中国的经济学人才做出我们的贡献。

谷书堂先生千古！

黑龙江大学经济与工商管理学院院长　焦方义

2016 年 3 月 28 日

西北大学经济管理学院的唁电

谷书堂先生治丧委员会办公室：

　　惊悉谷书堂先生与 2016 年 3 月 27 日晚在天津不幸逝世，我院全体同仁万分悲痛。

　　谷书堂先生是著名的经济学家和经济学教育家，长期致力于社会主义经济理论的研究，在商品经济、价值理论、分配理论和社会主义政治经济学理论体系的构建等方面有许多理论建树。作为社会主义经济理论奠基人之一，先生在研究领域耕耘不辍、成果丰硕，是国内最早提出按贡献分配的经济学家。先生主编的政治经济学教科书，八次再版，发行逾百万册，影响了几代经济学人。先生桃李满天下，培养的三位学生曾同时获得"孙冶方经济学奖"，为国家培养了一批优秀的经济学人才。

　　先生的不幸逝世不但使学界罹受陨星之痛，更是国家的一大损失。谷先生生前对我院给予过众多支持，请转达我院同仁对先生辞世的沉痛哀悼之情，并代为慰问亲属，望其节哀。我们当化悲痛为力量，继承先生的精神，秉承先生的遗志，加强社会主义经济理论的教学与研究，把先生的社会主义经济理论发扬光大，以慰先生之灵。

　　肃此电达。

西北大学经济管理学院

2016 年 3 月 28 日

西南财经大学的唁电

谷书堂先生治丧委员会：

惊悉谷书堂先生逝世，不胜悲恸。

谷书堂先生是我国社会主义经济理论奠基人之一，在国内最早提出按贡献分配，在价值规律问题、社会主义社会物质利益关系、经济体制改革理论以及政治经济学社会主义部分对象、方法、体系、结构等研究领域建树丰厚，做出了卓越贡献。

作为南开大学经济学院恢复建院的首任院长，谷书堂先生以扎实的工作为学院建设发展奠定了良好基础，在先生担任院长期间，经济学院由原来的一系一所发展为六系五所，取得了卓著成就。谷书堂先生毕生投身于他所热爱的教育事业，三位学生同时获得"孙冶方经济学奖"，一时被传为佳话。先生声望崇隆，影响遍及海内外。

谷书堂先生的逝世，是包括经济学界在内的社会各界的重大损失，我们对此表示最深切的哀悼，并向先生家人致以最诚挚的慰问。

谷书堂先生千古！

西南财经大学

2016 年 3 月 28 日

华南师范大学经济与管理学院的唁电

南开大学经济学院：

　　惊悉谷书堂先生逝世，我们不胜悲痛！

　　先生长期致力于社会主义经济理论的研究，在商品经济、价值理论、分配理论和社会主义政治经济学理论体系的构建等方面有许多理论建树，提出了"按要素贡献分配"的观点等，在国内外享有很高的学术声誉。作为社会主义经济理论奠基人之人，先生耕耘不辍、成果丰硕，影响了几代经济学人。

　　谷先生的离世，是我国经济学界、经济学教育界的重大损失。如今先生驾鹤仙游，但其贡献将长存于世。先生的奋斗精神是鼓舞后辈繁荣学术、刻苦钻研的动力！

　　谷书堂教授安息！

　　谨请家属节哀顺变！

华南师范大学经济与管理学院

2016 年 3 月 28 日

全国高校社会主义经济理论与实践研讨会的唁电

南开大学经济学院：

惊悉我会顾问、著名经济学家、教育家谷书堂教授不幸逝世，不胜哀痛，谨致以沉痛的哀悼。

谷书堂教授为马克思主义经济学教育与创新发展，奉献一生，其学术风范久为学界所敬仰。

谷书堂教授教书育人，以情动人，业界有口皆碑。

谷书堂教授的逝世是我国经济学界、教育界和我会的重大损失！唯希家属亲友节哀顺变，谨此致唁！

谷书堂教授永垂不朽！

全国高校社会主义经济理论与实践研讨会

中国人民大学经济学院（代章）洪银兴　黄泰岩

2016 年 3 月 28 日

深圳综合开发研究院（中国·深圳）的唁电

谷书堂教授治丧委员会：

惊悉谷书堂教授在天津与世长辞，万分悲痛！

谷书堂教授是我国著名的经济学家，作为南开大学经济学院恢复建院的首任院长，谷书堂教授以扎实的工作为学院建设发展奠定了良好基础，他坚持以包容的态度创造宽松、和谐、平等的学术氛围和工作环境办好学院。历任中国宏观经济学会常务理事、天津市政府咨询委员会副主任、天津哲学社会科学联合会副主席、天津市经济学会会长等职。他还担任南京大学、山东大学、西北大学、兰州大学等十余所高等院校的兼职教授。

作为社会主义经济理论奠基人之一，谷书堂教授长期致力于社会主义经济理论研究和社会主义政治经济学理论体系构建，成果丰硕，在国内最早提出按贡献分配的经济理论。谷书堂教授在长达几十年的学术生涯中，对学问的追求非常执着，论著甚丰，在他编著的书籍和论文中，不少文章、专著和教材都影响了一代中国中青年经济学者。1995 年，南开大学与我院联合办学，共同培养在职博士，谷书堂教授亲任南开（深圳）博士生导师组组长，经常奔波于深圳，与博士生导师李罗力教授、唐杰教授等分析研究在职博士生的教学特点，确立教学方案，指导学生论文，保证教学质量，为深圳培养了一批高级人才。谷书堂教授一生为人正直，克勤克俭，教学严谨，忠于职守，为我们做出了良好表率；他襟怀坦荡，豁达开朗，以诚待人，珍爱人才，给我们留下了难以磨灭的记忆。谷书堂教授的崇高革命精神，艰苦奋斗的工作作风，廉洁自律的思想情操，为人师表的高尚品德，将永远激励着我们。

综合开发研究院全体同志谨向谷书堂教授致以崇高的敬意，对他的去世表示沉痛的哀悼！

谨向谷书堂教授的亲属表示诚挚的问候！

谷书堂教授永垂不朽！

综合开发研究院（中国·深圳）

2016 年 3 月 28 日

深圳综合开发研究院（中国·深圳）培训中心的唁电

南开大学谷书堂先生治丧委员会：

　　惊悉著名经济学家谷书堂先生仙逝，甚为哀痛。谷先生一生献身于学术研究及教育事业，勤苦耕耘，著述等身且桃李满天下。特此致电，深表悼念。

　　逝者已矣，但谷先生高尚的情操、丰硕的成果将永留于世。烦请转致谷书堂先生家属，务请节哀顺变。

深圳综合开发研究院（中国·深圳）培训中心

2016 年 3 月 28 日

经济科学出版社的唁电

南开大学经济学院：

惊悉谷书堂先生不幸逝世，深感悲痛。

谷书堂先生是我国著名的经济学家。作为社会主义经济理论奠基人之一，谷书堂先生长期致力于社会主义经济理论研究和社会主义政治经济学理论体系的构建，在研究领域耕耘不辍、成果丰硕，为国家培养了大量优秀的经济学人才，为我国经济学研究和教育领域做出卓越的贡献。

谷先生的逝世是我国经济学界的巨大损失，值此之际，我们谨向贵院并通过贵院向谷书堂先生家属表示沉痛哀悼和诚挚慰问。恳切希望谷书堂先生家属节哀顺变，保重身体。

经济科学出版社

2016 年 3 月 29 日

河南大学经济学院的唁电

南开大学经济学院谷书堂先生治丧办公室并转谷书堂先生亲属：

惊闻谷书堂先生溘然长逝，忆昔抚今，不胜伤悼。专电致唁，并慰哀衷！

谷先生是我国著名经济学家和经济学教育家，从事政治经济学教学与研究60余年，长期致力于社会主义经济理论研究和社会主义政治经济学理论体系的构建，为国家培养了大量优秀的经济学人才和经济管理人才。他提出的"按生产要素贡献分配论""两种含义的社会必要劳动共同决定价值论""社会主义商品经济论"等理论观点，为党和国家的重大决策提供了理论参考，为推动我国经济体制改革发挥了重要作用；他对社会主义政治经济学理论体系的探索并以《社会主义经济学通论》和《政治经济学》（北方本）为代表所做出的杰出贡献，亦构成先生学术生涯和教师生涯中最辉煌的里程碑之一。他的学术思想和与时俱进、兼容并蓄的治学精神影响了我国几代经济学人，为我国经济学研究和教育做出了卓越的贡献。先生仙逝，风范长存。谷书堂先生的逝世是中国经济学界和经济学教育界的重大损失！

谷先生为人谦和，治学严谨，诲人不倦，奖掖后学，身体力行，言传身教，以自己崇高的人格魅力影响着一代又一代后辈学子，对中国经济学科的发展做出了巨大贡献。先生对河南大学经济学科给予了极大的关心和支持。哲人遽逝，宗师永失，薪尽火传，责在后学。吾辈定不负盛望，将先生的学术思想和治学精神传承下去，为促进政治经济学教育和研究的繁荣发展添砖加瓦，以告慰先生的在天之灵。

胸藏文墨虚若谷，腹有诗书气自华。谷书堂先生在学术研究和教育事业上的卓越成就，必将彪炳史册，惠泽学林！

　　谨此，沉痛悼念谷书堂先生！并望先生亲属至朋珍摄节哀！

河南大学经济学院

2016 年 3 月 29 日

山西经济出版社的唁电

惊悉谷书堂先生不幸仙逝,山西经济出版社的全体同志万分悲痛,对谷先生的逝世表示沉痛哀悼,我们向谷先生的亲属表示慰问。

谷书堂先生是中国著名经济学家,是南开大学的一面旗帜,是马克思主义经济学家、经济学教育家、思想家。谷先生长期致力于社会主义经济理论研究和社会主义政治经济学理论体系构建,为党和国家有关决策提供了理论参考,对推动我国经济体制改革发挥了重要作用,为南开大学经济科学的教学和科研做出了杰出的贡献,为国家培养了大量优秀的经济学人才。

谷先生曾在我社出版《谷书堂选集》《不平坦的治学路》等图书,谷先生的亲传弟子柳欣、常修泽、张志超以及再传弟子周云波、王璐等与我社长期合作,出版了《南开大学公共财政博士论文丛书》等许多图书。在这些著作的出版过程中,我们得到了谷先生的谆谆教诲,也领略了谷先生的文采和道德风范。

作为一位可敬的智慧老人,谷先生的离去是南开大学的损失,也是中国经济学界和出版界不可弥补的损失。

愿谷先生一路走好。

愿逝者安息,生者坚强。

谷书堂先生永垂千古!

山西经济出版社

2016 年 3 月 29 日

陕西人民出版社的唁电

谷书堂先生治丧委员会并谷书堂先生亲属：

惊悉我国著名经济学家和教育家、全国高校政治经济学学科领军人物，南开大学荣誉教授、南开政治经济学学科开拓者和杰出代表谷书堂先生因病不幸逝世，我们深感悲痛。

先生毕生致力于社会主义经济理论研究和社会主义政治经济学理论体系的构建，为国家培养了大量优秀的经济学人才。他提出的社会商品经济学理论、按贡献分配理论等为国家有关政策提供了理论参考，对推动我国经济体制改革发挥了重要作用。

先生长期与我社合作，主编的《政治经济学（社会主义部分）》（北方本）被教育部定为全国文科院校统编教材，先后出版 8 版，发行逾 150 万册，并获国家级教材奖和国家教委优秀教学成果奖。先生的突然去世，既是我国学术界的重大损失，也使我们失去了一位尊敬的前辈师长。伤痛之际，敬致哀悼，并向先生的家属表示慰问。

陕西人民出版社有限责任公司

2016 年 3 月 29 日

辽宁大学经济学院的唁电

谷书堂教授治丧委员会：

惊悉谷书堂教授不幸逝世，甚感悲痛！

谷书堂教授是我国著名的经济学家、教育家。他长期致力于马克思主义政治经济学和社会主义经济理论研究，为我国政治经济学学科的发展做出了杰出贡献。

谷书堂教授的逝世是我国经济学界的巨大损失。谨代表辽宁大学经济学院四千名师生致电表示沉痛哀悼，并向谷书堂教授家属表示亲切慰问！

谷书堂教授永远活在我们心中！

辽宁大学经济学院院长　谢地

2016 年 3 月 29 日

辽宁大学北方本教材编写修订组的唁电

南开大学谷书堂教授治丧委员会：

惊悉谷书堂教授因病离世，甚为悲恸！

谷老师是我国著名经济学家、教育家，全国高校政治经济学学科领军人物，我国马克思主义政治经济学和社会主义经济理论的一代宗师，先生的逝世是我国经济学界的巨大损失。

谷老师是南开与辽大兄弟情谊的缔造者。1978 年，先生与我校宋则行教授共同担纲编写《政治经济学（社会主义部分）》（北方本），至今已连续修订出版使用近 38 载，堪称奇迹。先生提携后辈，使两校中青年学者脱颖而出，我辈终身不忘。

我谨代表辽宁大学北方本教材编写修订组全体成员，并以我个人的名义，向谷书堂教授的逝世表示沉痛哀悼，并向伏老师及亲属表示亲切的慰问！

谷书堂教授千古！（请代为敬献花篮和挽联）

辽宁大学　林木西

2016 年 3 月 29 日

厦门大学宏观经济研究中心的唁电

南开大学政治经济学研究中心：

惊悉谷书堂先生仙逝，不胜哀悼。

谷先生是我国著名经济学家，毕生呕心沥血，致力于马克思主义政治经济学和社会主义经济理论研究，为当代中国马克思主义政治经济学的建设和发展做出了重大贡献。谷先生也是我国著名教育家，毕生鞠躬尽瘁，致力于学科建设、人才培养，为我国教育改革和事业发展做出了重要贡献。

请向谷先生家属转达我们诚挚的慰问，敬祈节哀保重！

谷先生永垂千古！

厦门大学宏观经济研究中心

2016 年 3 月 30 日

清华大学的唁电

南开大学经济学院谷书堂先生治丧办公室并转谷书堂先生亲属：

惊闻授业恩师谷书堂先生溘然长逝，忆昔抚今、不胜伤悼。专电致唁，并慰哀衷！

谷先生是我国著名经济学家和经济学教育家，从事政治经济学教学与研究 60 余年，长期致力于社会主义经济理论的研究和社会主义政治经济学理论体系的构建，为国家培养了大量优秀的经济学人才和经济管理人才。他提出的"按生产要素贡献分配论""两种含义的社会必要劳动共同决定价值论""社会主义商品经济论"，为党和国家的重大决策提供了理论参考，对推动我国经济体制改革发挥了重要作用；他对社会主义政治经济学理论体系的探索并以《社会主义经济学通论》和《政治经济学》（北方本）为代表所做出的杰出贡献，亦构成先生学术生涯和教师生涯中最辉煌的里程碑之一。他的学术思想和与时俱进、兼容并蓄的治学精神影响了我国几代经济学人，为我国经济学研究和教育做出了卓越的贡献。先生仙逝，风范长存。先生的逝世是中国经济学界和经济学教育界的重大损失！

谷先生为人谦和，治学严谨，诲人不倦，奖掖后学，身体力行，言传身教，以自己崇高的人格魅力影响着一代又一代后辈学子。蒙先生厚恩，2008 年 12 月 13 日，清华大学政治经济学研究中心成立大会召开之际，先生莅临并欣然应允担任中心顾问委员会主席，在大会致辞中也对中心的学术研究和发展寄予了厚望。

哲人遽逝，宗师永失，薪尽火传，责在后学。吾辈定不负盛望，将先生的学术思想和治学精神传承下去，为促进政治经济学教育和研究的繁荣发展添砖加瓦，以告慰先生的在天之灵。

胸藏文墨虚若谷，腹有诗书气自华。谷书堂先生在学术研究和教育事业上的卓越成就，必将彪炳史册，惠泽学林！

谨此，沉痛悼念恩师谷书堂先生！

并望先生亲属至朋珍摄节哀！

清华大学政治经济学研究中心

主任/教授 蔡继明敬挽

2016 年 3 月 28 日

南京大学的唁电

谷书堂教授治丧委员会：

惊悉谷书堂老师离我们而去，万分悲痛！

谷书堂教授长期致力于社会主义经济理论的研究，在商品经济、价值理论、分配理论等方面提出了创新性观点，是中国特色社会主义经济理论的奠基人之一；谷书堂教授教书育人，他主编的政治经济学教科书影响了几代经济学人；谷书堂教授理论联系实际，为中国经济学科的建设做出了永载史册的贡献。谷书堂教授是我们十分尊敬的经济学家和经济学教育家。

谷书堂教授千古！

南京大学原党委书记、资深教授　洪银兴

2016 年 3 月 28 日

山东大学（威海）商学院的唁电

南开经研所并转谷先生亲属：

　　惊悉谷书堂先生不幸逝世，我单位南开校友万分悲痛，沉痛哀悼。谷老师一生为人师表，堪称后人楷模。谨向其亲属表示深切慰问。

　　谷先生千古！

山东大学（威海）商学院　罗润东等南开校友

2016 年 3 月 28 日

西北大学的唁电

南开大学经济学院：

惊悉谷书堂先生仙逝，无任痛悼。先生为人，亲切随和，两袖清风，显马克思主义者真正情怀；先生为学，于商品经济、价值理论、收入分配理论著述颇丰，成就卓著，无愧政治经济学一代宗师；先生为师，提携后辈，诲人不倦，一部《政治经济学》育学子无数，几代经济学者受其教诲。

哲人其萎，手泽长存，先生道德文章必将永垂不朽，历久弥新。特此致哀。

西北大学白永秀

2016 年 3 月 28 日

山东大学的唁电

谷书堂先生治丧委员会：

惊悉谷书堂先生因病逝世，不胜伤悼。

谷书堂先生是一位著名经济学家，其学术思想之独到，影响之深远，不仅为学术界所公认，也为业界所景仰。我们有幸对谷书堂教授作为一位大家的情怀和风范耳闻目睹，感受至深，受益良多。

谷书堂先生为经济学界的大家、勤奋敬业的楷模和为人师表的榜样，业绩昭著，贡献突出。他崇高的学术风范，受到国内同行的广泛尊敬和爱戴。先生的逝世是南开大学乃至全国经济学界和业界的重大损失。我们将化悲痛为力量，继承其科教兴国宏愿，不懈前进。

谨向谷书堂先生亲属致深切慰问，务望节哀、保重。谷书堂先生千古！

山东大学经济学院教授臧旭恒
山东大学管理学院院长杨蕙馨
山东大学经济学院院长李长英
2016 年 3 月 28 日

西南财经大学的唁电

谷书堂先生治丧委员会并转其亲属：

惊悉谷书堂先生仙逝，不胜伤悼，专电致唁。

作为我国社会主义经济理论奠基人之一，先生学术声望崇隆，影响遍及国内外。先生长期致力于社会主义经济理论的研究，在商品经济、价值理论、分配理论和社会主义政治经济学理论体系的构建等方面建树卓著。先生主编的政治经济学教科书，八次再版，发行逾百万册，影响了几代经济学人。

我曾有幸得与先生谈经说典，谈古说今。先生学养之厚、涉猎之广、志趣之坚、品格之正，令人钦慕和景仰。今先生遽然仙逝，经济学界亦失一重镇。百味千言，不胜悲恸，在此谨向先生家人致以最诚挚的慰问，望节哀顺变。

向谷书堂先生致以最深切的悼念！

西南财经大学名誉校长　刘诗白　痛挽

2016 年 3 月 28 日

天津财经大学的唁电

谷书堂先生治丧委员会：

　　惊悉谷书堂先生仙逝，不胜哀恸。在此我谨代表天津财经大学并以个人名义，向谷书堂先生表示沉痛哀悼，向其亲属表示亲切慰问！

　　谷书堂先生是我国德高望重的经济学家，堪为学界楷模。一生精勤不倦，学识渊博，淡泊名利，培养了众多的经济学人才。

　　先生成果丰硕，为经济学科特别是商品经济、价值理论、分配理论和社会主义政治经济学理论体系的构建做出了突出贡献。先生曾任中国经济学团体联合会执行主席等学界职务，为经济教育与研究倾注了毕生心血，赢得了国内外同行的广泛赞誉和敬仰。先生的辞世，是中国经济学界的重大损失，令我们深感悲痛。

　　高山仰止，德范流芳。

　　谷书堂先生千古！

天津财经大学校长　李维安　敬挽

2016 年 3 月 28 日

谷书堂教授生前好友的唁电

经济学院并转伏先生：

从网上得悉谷先生西归道山，伤感、唏嘘不已。我与先生相识四十余年，比邻又十五载，专业虽不同，但与先生在师友之间。近些年我们离乡时日稍多，但每次返故里都会前往拜谒、请教、畅谈。先生是经济学界的领军学者，又是南开少有的思想家。每次面谈都受益良多，没有想到去年 11 月的一次请教竟成永诀。

哲人其萎，但先生所荫来者可期，谷先生安息吧！

先生已属人瑞，望伏先生和亲属节哀！

刘泽华　阎铁铮率女儿　敬挽

2016 年 3 月 29 日于西雅图

惊悉书堂好友辞世，悲痛难已。我们之间长达七十年的同学挚友情谊，怎能忘记？怎能不长久珍惜？月来无时不牵挂着老友的健康情况，但恐过于干扰家人，故不敢多加询问。书堂老友一生正派，众心景仰；尽瘁讲坛，桃李芬芳；文章纸贵，学苑名扬。我南开老友均有荣焉，也是我夫妇学习和永远纪念的榜样。

如今只能盼望义琴贤学妹和家中各位亲人，节哀顺变，多多保重身体健康，亦以告慰老谷的在天之灵。

是所切盼。

何自强　张闰生

并可人　的人　人人　得人　平人　许澎　亚新　许洁　式怡　小明同唁

2016 年 3 月 28 日于旧金山

社会各界追悼谷书堂教授的诗词、挽联及短文

学术巨星陨落

谷先生是新中国成立以来南开经济学最著名、最具代表性的学者。他的离去，标志着南开经济学一个时代的结束。于南开是一位学术巨星的陨落，于个人是痛失一位相交半个多世纪的良师益友。悲痛之余，我们应学习他独立思考、终生求索的学术精神，努力学习和研究，为南开经济学的更加繁荣，为中国政治经济学的创新与发展贡献自己的一份力量，以告慰谷老师的在天之灵。

谷书堂教授千古。

高峰敬挽

谨以此联表达对谷先生的思念

思才文才口才师才将才才华卓越可圈可点可歌可泣桃李满天下；
人性党性个性理性血性性情十足能动能静能屈能伸风范传世间。

乔葆和

挽谷书堂先生

上联：谷米丰登国泰民安皆因商品经济价值规律要素分配滔滔理
论思想指导；
下联：书籍等身登台布道只为社会精英国家栋梁富民兴邦济济人
才教育培养。
横批：堂堂正正为人师表学界泰斗

学生　陈宗胜

惊闻恩师仙逝

　　农历二月二十一日，顷接锦聚师兄短信，言恩师谷书堂辞世津门，悲痛不已，诗三首以记之。

忽闻先生驾鹤去，
悲从心来难自己。
可怜弟子三千名，
从此吾辈再无师。

二月噩耗傅京堂，
先生津门归仙乡。
一世潜心育桃李，
经年孤诣强文章。

春风化悲催泪下，
杏花骤落暗日光。
唯愿瑶台无歧路，
常教弟子梦中望。

学生　马建堂

悼念恩师

胸藏文墨虚若谷，
腹有诗书气自华。

学生　蔡继明

沉痛悼念敬爱的导师谷书堂教授

今晚 8 点多接到南开周云波来电话，说谷书堂老师在医院故去了。听罢，心情悲痛至极，潸然泪下，几十年风风雨雨幕幕重现，无限哀思，形成四言列句，随即传给南开经研所群同门：

恩师西去，英魂犹存；谆谆教诲，历历如新；为国育人，无私捧心；为民研究，精湛至纯；追求真理，宁折不损；堂正做人，钢铁一身；一生奋斗，大师精神！
恩师谷书堂教授永垂不朽！

学生　刘迎秋久久不眠　哀念于北京小倦游斋
2016 年 3 月 27 日夜

谷老师安息

坚持真理，经世济民，对学求实，小心求证，成学术大师；
献身教育，栽树育人，待生如子，谆谆教诲，为世人楷模。

学生　高明华痛悼

一代宗师

堂堂正正坦诚处世屡遭厄运首遭五九厄运再遭社教厄运更遭十年
浩劫厄运岁月坎坷成历史；
兢兢业业潜心治学执着探索先探价值理论继探分配理论再探商品
经济理论学术求真启后人。

常修泽

学术泰斗，古今完人

刘鲁鱼挽

遥祭恩师，愿师母节哀，保重安康

不忍别离，不忍相见，遥祭恩师，想念师母，慈容善心，永记心中。

聂惠 于广州

悼念公公

爱一生慈一生修身齐家严律己名士当其实
正一生诚一生兢兢业业育桃李学界美名声

儿媳吴韶延 于美国新泽西
2016 年 3 月 28 日

悼念先辈

虚怀若谷经一世，风骨精魂满书堂。

霍强敬挽

小重山·怀念恩师

昨夜春风忽诉哀。小园行客少，自徘徊。
恩师音貌映愁怀。经行处，月照花色白。

泪眼望南开。牵挂都不在，怎还哉？
无边往事眼前来，梦游地，又是八里台。

宁咏

谷书堂先生千古

渊综博闻，经坛领军，拔新领异，教书育人。

南开大学经济学院财政系全体师生敬挽

沉痛哀悼谷书堂先生　愿恩师在天之灵安息

经古济民大家风范学术泰斗一树清风著春秋；
允公允能厚德载物桃李天下几多学子奠英灵。

学生思民　占军敬挽

悼念谷书堂先生

一生厄运多，意志不沉疴；修炼九十载，潜心深治学；
学子遍天下，成才一波波；今日驾鸿鹄，星光耀银河。

私淑弟子　邹东涛

惊悉尊敬的导师谷书堂先生仙逝

泪流不尽昼夜无眠
法师师恩曲声连绵
逝不尽哀恸
思念恩师无限悲伤
恩师千古恩师千古
不忍送别
不忍送别
不忍送别
我唯有祈祷西行天堂
恩师一路走好
并祈师母和家人节哀顺变
珍重健康

吕国平顿首三拜

恩师西行百日追思

马蹄湖润青莲紫，南开圃育允能公。智圆行方济邦世，苦想冥思乐其中。

领先三论改通识，垂范一书更启蒙。追随恩师又梦里，延步把手北村东。

　　小注：我 1993 年入读经研所经济学博士生，导师正是谷书堂先生。今年三月底，惊悉先生去世，不胜哀恸。到七月四日，恩师西行百日矣！感慨系之。马蹄湖，是南开大学地标之一。青莲紫，谓为南开色。莲出污不染，是南开品格。允公允能日新月异，是南开精神。允能公，亦指允公允能之先生也。智圆行方经邦济世，是南开经济学院院训（先生为我导师时任院长）。苦思冥想乐在其中，是先生的题词和性格特征。三论，是先生的重大学术创新。一书，指经济学教材北方本。当时先生住北村。北村东，是南开大学大门，常感恩先生把手相教领进门也！

吕国平 2016 年 7 月 4 日凌晨于香港

悼念师长

谷养万物生长，书教学生做人；堂堂处世治学，经世济民有方。

陈玄飞于美国加州

痛悼恩师

桑梓之境，广启门庭；业师事之，遂中南闱。
朝夕过从，恃师提培；授之毛颖，勖吾业成。
即事穷理，避怯浮华；授之术法，福祚无量。
深沐师恩，逢机定省；前悉病榻，不稔能幸。
师如家父，难送一别；倚闾之望，难寄吾情。
试问苍天，缘何屡绝；择吉拜谒，跪哭痛悼。
恩师仙逝，弟子永怀。

于为群沉痛悼念恩师谷书堂先生不幸辞世

痛悼宗师

三理论，数十年，倾心血毕生，唯求真谛；
一本书，百万册，育英才几代，谁与比肩。

山西经济出版社原总编辑　赵建廷挽

凭吊谷书堂先生

惊闻先生驾鹤行，南开陨落一明星，科教双馨六十载，立言立德又立功。

著书立说为传承，重建财院立丰功，桃李芬芳育英才，无愧光辉度今生。

谷先生安息！

李国骥　姚耀
2016 年 3 月 28 日

各种媒体有关谷书堂教授辞世的报道

新华社：经济学家谷书堂逝世 享年 91 岁

（2016 年 3 月 28 日）

新华社天津 3 月 28 日电（记者张建新），经济学家、教育家谷书堂教授 27 日 19 时 56 分因病在天津逝世，享年 91 岁。

谷书堂是山东威海人，1946 年入南开大学经济学系学习，从 1951 年开始，任南开大学教师并做管理工作。历任南开大学经济研究所所长、南开大学经济学院院长，是南京大学、山东大学、西北大学、兰州大学等 10 余所高等院校的兼职教授。

谷书堂教授主编的《政治经济学（社会主义部分）》（北方本），被教育部定为全国文科院校统编教材，先后出版 8 版，发行逾 150 万册，并获国家级优秀教材奖和国家教委优秀教学成果奖。

中国青年报：经济学家谷书堂逝世
提社会商品经济学等理论

（2016 年 3 月 28 日）

今天从南开大学获悉，著名经济学家和经济学教育家、南开大学经济学院首任院长谷书堂，因病抢救无效，于 3 月 27 日晚在天津逝世，享年 91 岁。

谷书堂教授长期致力于社会主义经济理论研究和社会主义政治经济学理论体系的构建，为国家培养了大量优秀的经济学人才，他的三位学生曾同时获得"孙冶方经济学奖"，被传为学界佳话。他提出的社会商品经济学理论、按贡献分配理论等为国家有关决策提供了理论参考，对推动我国经济体制改革发挥了重要作用。由他主编的《政治经济学（社会主义部分）》《社会主义经济学通论》等著作先后获得多项国家级和省部级奖励，八次再版，发行逾百万册，影响了几代经济学人，为我国经济学研究和教育领域做出卓越的贡献。2012 年，南开大学授予谷书堂荣誉教授和特别贡献奖。

北方网：著名经济学家南开大学教授谷书堂逝世享年 91 岁

（2016 年 3 月 28 日）

（前沿新闻记者段玮通讯员马超）著名经济学家和教育家、全国高校政治经济学学科领军人物、南开大学荣誉教授、南开政治经济学学科开拓者和杰出代表谷书堂教授，因病医治无效，于 2016 年 3 月 27 日 19 时 56 分在天津逝世，享年 91 岁。谷书堂教授吊唁厅设在南开大学经济学院主楼一层，遗体告别仪式定于 3 月 31 日上午 9 点在天津市第一殡仪馆举行。

谷书堂教授生于 1925 年 10 月，山东威海人，1946 年入南开大学经济学系学习，1951 年任南开大学经济学系教师，先后出任南开大学经济研究所常务副所长、所长和南开大学经济学院院长。

他于 1979 年主编出版的由 13 所高校参加编写的《政治经济学（社会主义部分）》（北方本），被教育部定为全国文科院校统编教材，先后出版 8 版，发行逾 150 万册，并获国家级优秀教材奖和优秀教学成果奖。他主编的《社会主义经济学通论》被教育部学位办推荐为全国硕士研究生教材，获得国家级优秀教学成果奖。

鉴于谷书堂教授在学科建设、学术研究和人才培养方面的卓越贡献，1991 年国务院授予他"政府特殊津贴"，1995 年教育部授予他"全国优秀教师"称号；2012 年，南开大学特别颁授谷书堂教授"荣誉教授"称号和"特别贡献奖"。

天津日报：著名经济学家、教育家谷书堂逝世

（2016 年 3 月 29 日）

本报讯：中国共产党党员、著名经济学家和教育家、全国高校政治经济学科领军人物、南开大学荣誉教授、南开政治经济学学科开拓者和杰出代表谷书堂同志，因病医治无效，于 2016 年 3 月 27 日在天津逝世，享年 91 岁。

谷书堂教授毕生致力于马克思主义政治经济学和社会主义经济理论研究，在政治经济学基本理论和社会主义商品经济、价值理论、分配理论以及社会主义政治经济学理论体系建设等方面做出创新性重大贡献。

中国日报：著名经济学家、南开大学教授谷书堂逝世

（2016 年 3 月 29 日）

　　著名经济学家和教育家、全国高校政治经济学学科领军人物、南开大学荣誉教授、南开政治经济学学科开拓者和杰出代表谷书堂教授，因病医治无效，于 2016 年 3 月 27 日 19 时 56 分在天津逝世，享年 91 岁。谷书堂教授吊唁厅设在南开大学经济学院主楼一层，遗体告别仪式定于 3 月 31 日上午 9 点在天津市第一殡仪馆举行。

　　谷书堂教授生于 1925 年 10 月，山东威海人，1946 年入南开大学经济学系学习，1948 年参加中国共产党的外围组织——中国民主青年同盟，1950 年毕业前夕，被选调到天津市委宣传部工作，1950 年 1 月 15 日加入中国共产党。1951 年回南开大学经济系任教，并先后出任南开大学经济研究所常务副所长、所长和南开大学经济学院院长；兼任中国经济学团体联合会执行主席、中国宏观经济学会常务理事、中国市场经济研究会常务理事、全国高等教育学会理事、天津市政府咨询委员会副主任、天津哲学社会科学联合会副主席、天津市经济学会会长以及南京大学、山东大学、西北大学、兰州大学等十余所高等院校的兼职教授等职。他以适应国家急需、经世济民为己任，和同事们一起，团结带领广大师生，发挥南开经济学科"知中国，服务中国"的优良传统，抓住历史机遇，恢复或建立多个应用型新兴学科，使南开大学经济学院迅速成为当时国内高校规模最大、实力最强的经济学院之一，为南开大学经济学院的发展奠定了基础。

　　谷书堂教授毕生致力于马克思主义政治经济学和社会主义经

济理论研究，在政治经济学基本理论和社会主义商品经济、价值理论、分配理论以及社会主义政治经济学理论体系的建设等方面进行了开创性研究并卓有建树。1955 年，谷书堂教授和魏埙教授联合发表《价值法则及其在资本主义发生发展各个阶段上的作用及形式》的论文，提出"社会必要劳动时间二重含义及其价值决定"理论观点，引起经济学界的广泛关注，后将论文扩充，于 1956 年出版发行单行本，在国内理论界产生重要影响。1979 年发表了《论价值规律在社会主义商品经济中的调节作用》一文，提出社会主义经济是公有制基础上的有计划的商品经济，是国内最早明确提出我国经济是社会主义商品经济的经济学家之一。在同年提交全国价值规律讨论会的论文《重新认识社会主义经济中的商品生产和价值规律》中进一步提出了全民所有制企业之间的"商品关系论"，从而为论证社会主义经济也是商品经济提供了有力的理论论据。20 世纪 80 年代初，谷书堂教授主持了国家重点科研项目"中国经济体制改革的理论依据研究"，完成并出版《社会主义商品经济和价值规律》专著，进一步系统提出并论证了"社会主义商品经济"的思想和"中国经济体制改革应以商品经济和价值规律理论作为依据"的主张。1987 年谷书堂教授在国内率先提出"按要素贡献分配"的观点，并始终主张"以市场为取向的改革"。这些理论观点为党和国家决策提供了理论参考，对推动我国经济体制改革发挥了重要作用。

　　创新政治经济学理论体系和教材体系，是谷书堂教授毕生的追求。他于 1979 年主编出版的由 13 所高校参加编写的《政治经济学（社会主义部分）》（北方本），被教育部定为全国文科院校统编教材，先后出版了 8 版，发行逾 150 万册，并获国家级优秀教材奖和优秀教学成果奖。他主编的《社会主义经济学通论》被教育部学位办推荐为全国硕士研究生教材，获得国家级优秀教学成果奖。这些教材为我国社会主义政治经济学理论体系和话语体系的构建，为经济学合格人才的培养发挥了不可估量的重要作用。

20 世纪 90 年代初，中国改革开放出现新的高潮，现代化建设对人才提出新的需求。在这样的背景下，时任经济研究所所长和经济学院院长的谷书堂教授敏锐地抓住这一机遇，在学校的支持下，先后为全国各省市举办了二十七期"对外开放领导干部培训班"，连续为当时的地矿部举办了三期"研究生课程进修班"，以及为改革开放前沿城市深圳举办"博士生班"。经过学习，这些学员大大地提高了经济学的理论素养，并在其后的实践中快速成长为国家现代化建设的栋梁。他们当中，有的担任了中央部委和省市自治区的主要领导人，有的活跃在金融、教育、科研、企业管理等各条战线，以实际行动为中国改革开放做出了卓越的贡献，同时也不断地继承和弘扬着南开优良传统。

1997 年，谷书堂教授办理了离休手续，但他仍然以"老骥伏枥，壮心不已"的精神，参加学术活动，指导博士生，笔耕不辍。这期间他出版的著作有：《社会主义经济学通论》（修订再版），《政治经济学（社会主义部分）》（北方本）第七版和第八版，以及《社会主义市场经济研究》《经济学在中国的发展路径之探讨》等。2009年 8 月，长达 157 万余字的《谷书堂文集》（上下卷）由经济科学出版社出版。这是谷书堂教授多年从事社会主义经济学理论研究的总结，也是新中国六十年经济理论进展的一个缩影。

鉴于谷书堂教授在学科建设、学术研究和人才培养方面的卓越贡献，1991 年国务院授予他"政府特殊津贴"，1995 年教育部授予他"全国优秀教师"称号；他多次入选《中国世纪专家》《中国知名科学家学术成就概览》等名人传记。他的治学业绩在国际上也有相当影响，曾为日本等国培养和指导高级进修生、研究生，并被英国剑桥国际传记中心（IBC）和美国传记研究所（ABI）分别收入名人录。2012 年，南开大学特别颁授谷书堂教授"荣誉教授"称号和"特别贡献奖"。

南开新闻网：著名经济学家、南开大学荣誉教授 谷书堂逝世

（2016 年 3 月 29 日）

中国共产党优秀党员、著名经济学家和教育家、全国高校政治经济学学科领军人物、南开大学荣誉教授、南开政治经济学学科开拓者和杰出代表谷书堂，因病医治无效，于 2016 年 3 月 27 日 19 时 56 分在天津逝世，享年 91 岁。谷书堂教授吊唁厅设在南开大学经济学院主楼一层，遗体告别仪式定于 3 月 31 日上午 9 时 40 分在天津市第一殡仪馆举行。

谷书堂教授生于 1925 年 10 月，山东威海人，1946 年入南开大学经济学系学习，1950 年毕业前夕，被选调到天津市委宣传部工作，1950 年 1 月 15 日加入中国共产党。1951 年回南开大学经济系任教，并先后出任南开大学经济研究所常务副所长、所长和南开大学经济学院院长。

谷书堂教授毕生致力于马克思主义政治经济学和社会主义经济理论研究，在政治经济学基本理论和社会主义商品经济、价值理论、分配理论以及社会主义政治经济学理论体系的建设等方面进行了开创性研究并卓有建树。

在创新政治经济学理论体系和教材体系方面，谷书堂教授于 1979 年主编出版的《政治经济学（社会主义部分）》（北方本），被教育部定为全国文科院校统编教材，先后出版了 8 版，发行逾 150 万册，并获国家级优秀教材奖和优秀教学成果奖。他主编的《社会主义经济学通论》被教育部学位办推荐为全国硕士研究生教

材，获得国家级优秀教学成果奖。

　　1997年谷书堂教授离休后，仍然以老骥伏枥、壮心不已的精神，参加学术活动，指导博士生，笔耕不辍。鉴于谷书堂教授在学科建设、学术研究和人才培养方面的卓越贡献，1991年国务院授予他"政府特殊津贴"，1995年教育部授予他"全国优秀教师"称号；他多次入选《中国世纪专家》《中国知名科学家学术成就概览》等名人传记。2012年，南开大学特别颁授谷书堂教授"荣誉教授"称号和"特别贡献奖"。

新华每日电讯："垂老灯窗墨尚磨"——追记著名经济学家谷书堂

记者　陆阳　张建新

（2016 年 4 月 11 日）

得知谷书堂先生去世的消息，他的很多"老学生"在悲痛之余夹杂几分惶恐，他们不知道，当自己的人生、学术再遇到困难时，该跟谁通个电话。

2016 年 3 月 27 日 19 时 56 分，著名经济学家、南开大学荣誉教授谷书堂与世长辞，享年 91 岁。与他的心跳一同停止的，是他 70 年来对政治经济学从不间断的思考。

风雨治学路。1925 年，谷书堂出生于山东威海。上小学时，谷书堂对于历史小说十分迷恋，通过阅读《西游记》《三国演义》《封神演义》等，他对读书产生了浓厚的兴趣，也逐渐形成了一种路见不平拔刀相助的侠义观念。

日本侵占威海后，谷书堂辗转烟台、北京念完了中学。1946 年他考取了由北京大学、清华大学、南开大学联合招生的西南联合大学，进入南开大学经济学系读书。

1948 年，谷书堂加入了以建设自由、平等、民主的新中国为宗旨的民主青年同盟（新中国成立后转入共青团）。他后来回忆，刚上大学时，他像是"大海中一艘小船"，没有方向随风飘荡，只知道做人要诚实、忠厚，至于在整个社会中应处于什么位置、怎样对待生活，他从未考虑过。受进步氛围的影响，大学四年使他的生活态度、人生观都发生了很大改变。

1951 年 10 月，从南开大学毕业后在中共天津市委宣传部工作的谷书堂重新回到母校，成为建国后第一代青年经济学教师。在其后的日子里，出于工作需要和组织安排，谷书堂做起了"双肩挑"，不仅潜心教学和科研，还承担着经济系主任助理、党支部书记等行政工作。

谷书堂始终有一个信念，不管担负多少管理工作，教师的本职是教学，行政工作是一种有意义的奉献，但绝不是当官发财谋取私利的阶梯。

1951 年高教部成立了政治经济学研究室，聘请一些苏联专家，从全国抽调了 20 多名教师作为师资培养，谷书堂就是其中之一。经过 1 年的学习培训，谷书堂回到南开，接手了经济系最重要的教学任务——政治经济学课程的教学。他对讲好这门课兴趣很大，花了大量时间备课，翻阅了当时能够查阅到的所有资料。

20 世纪 50 年代，正是全国范围内搞合作化、对私营经济进行社会主义改造时期，全国上下对"一大二公"唱赞歌，认为在公有制经济中，人与人之间的物质利益冲突已不复存在，人人都会"各尽所能"，很快就会实现"各取所需"。谷书堂敏锐地意识到这种认识有其局限性，因为在正常的经济社会中，没有物质利益的激励，生产效率是难以保证的。

经过认真研究，谷书堂与同事蔡孝箴合作完成了《论物质利益原则及其在解决国家合作社和社员之间的矛盾中的作用》的论文，于 1957 年在《南开大学学报》公开发表，文中提出了"劳动者在生产中也需要获取物质利益"的观点。

此观点一出立刻争议不断，引发了学界关于社会主义条件下物质利益关系的讨论。1959 年反右倾运动时，谷书堂为他充满勇气的言论付出了代价，他首当其冲，成为南开大学经济系重点批判对象，被勒令停职检查。

后来，"暴风骤雨式的政治运动"一波接着一波，上不了课的日子，谷书堂就和同事跑到农村搞调查，收集一手材料。"文革"开始后，谷书堂被列入了"三不"人员的行列，"不许上课，不许发表文章，不许做讲演和报告。"成了"牛鬼蛇神"后，谷书堂蹲"牛棚"，下放农场劳动改造。在他学术生涯的"蛰伏期"，他始终相信真理必然战胜谬误，等待重返讲堂的一天。

曙光终于被盼来了。改革开放后，谷书堂得到了平反，压在心头的石头总算落了地。1979 年，谷书堂被任命为南开经济研究所第一副所长兼党总支书记。那一年，他已 54 岁，他争分夺秒地工作，为了要把失去的时间抢回来。

"我的信条是实事求是"。谷书堂先生去世后，很多人在网上自发组织悼念活动，他们回忆起大学时代的政治经济学课，回忆起《政治经济学（社会主义部分）》（北方本）。这部由谷书堂组织 13 所高校教师参加编写的书，被教育部定为全国文科院校统编教材，先后出版了 8 版，发行逾 150 万册。

"北方本"出版于 1978 年年末，在那个思想日渐解冻的时代，很多人正是通过阅读这本书，了解了社会主义国家的物质利益关系，了解到社会主义有计划的商品经济思想。全书既不是对已有经济学的简单模仿，也不是对中国制度政策的简单汇总，而是努力探索社会主义经济特有的内在逻辑。

从早年间关注苏联政治经济学理论体系，到专注于中国现实经济问题研究，学术道路上的转向源自谷书堂遇到的一个"尴尬的问题"。

20 世纪五十年代末六十年代初的"三年经济困难时期"，谷书堂到天津西郊一个大队搞调研。当时正是麦收季节，一位老农向他发牢骚，问吃不饱到底是怎么回事。作为一名经济学教师，谷书堂却无法回答这个问题。后来他回忆，"这件事使我认识到理论和实践之间的差距，促使我逐渐从现实出发去观察和思考问题。"

谷书堂说过，如果我们一定要到马克思的著作中去寻找解决现实经济问题的答案，那就会是无休止的争论。因为你可以从马克思一段话中发现这样的意思，我也可以发现另外一层意思。在谷书堂看来，马克思主义为我们提供了一套科学的世界观和方法论，对于一些现实问题，并没有也不可能都提出具体的答案。

曾经有记者请教谷书堂治学遵循的信条是什么，他不假思索地回答"实事求是"。这看似普通的四个字，却一语道破了为什么谷书堂每提出一个新理论就能在现实生活中产生深远影响的原因。

谷书堂的学生、南开大学原副校长逄锦聚介绍，谷书堂教授是我国较早主张发展社会主义商品经济、社会主义市场经济、坚持以市场经济改革为取向的学者之一。1987年谷书堂教授在国内率先提出"按生产要素贡献分配"的观点，为党和国家决策提供了重要理论参考，对推动我国经济体制改革发挥了重要作用。

在谷书堂的经济学研究成果中，关于商品经济、价值规律及其内在机制研究是其最突出的理论贡献，也是其全部经济思想框架的基础。有人形象地说，这是谷书堂的"第一招牌菜"。

谷书堂的学生、南开大学教授陈宗胜记得很清楚，1983年跟着老师去烟台调研，谷书堂受邀在当地党校发表演讲，他把商品经济、价值规律与包产到户联系起来，认为农村体制应当往这方面发展。后来他回山东老家与乡村干部聊天，听说自己师从谷书堂先生，干部们个个竖起大拇指。原来他们都听过那次演讲，十分敬佩谷书堂的学识。

对于谷书堂的学术贡献，由著名科学家钱伟长任总主编的《20世纪中国知名科学家学术成就概览》载文从三大方面进行了总结，包括对商品经济和价值规律及其内在机制的理论探索、对按要素贡献分配理论的探索、对政治经济学（社会主义部分）理论体系的探索。

"此生原不算蹉跎"。2003 年，谷书堂的学生中有三位一起获得了我国经济学最高学术奖"孙冶方经济科学奖"，在中国经济学学术界传为一时佳话，被称为"南开现象"。

谷书堂把一生中的大量时间都放在培养学生上。他的学生中不乏著名学者、高级干部、大企业家，遍布各个工作领域，很多人毕业几十年依然与老师保持着密切联系。在与谷书堂相处的点点滴滴中，大家都能够感受到他对学生、对学术事业发自内心的尊重。

清华大学教授蔡继明 20 世纪 80 年代在河南大学读书时发表了与谷书堂不同观点的文章，令蔡继明想不到的是，在后来他报考博士生时，谷书堂居然能欣然录取他。1988 年，谷书堂与蔡继明共同撰写并发表了《按贡献分配是社会主义初级阶段的分配原则》一文，这是我国学者第一次较为系统地阐述按要素贡献分配理论。

有一年，山东的一位赤脚医生痴迷于研究《劳动价值论》，他慕名来到南开大学经济研究所，说想见一见大名鼎鼎的谷书堂。当时谷先生已近 80 岁，非常爽快地在家里与这位医生见面，为他讲解政治经济学的发展以及劳动价值论的内涵。这位赤脚医生坦言，他拜访过不少高校，绝大多数都吃了闭门羹，没想到能在南开见到谷先生。

北京师范大学教授高明华曾经做过谷书堂的学术秘书，日常工作之一就是帮先生处理信件。谷书堂有要求，凡有考生来信必须很客气地回复，仔细回答考生关心的问题。考生求学的心情必须得到尊重和理解，即使是基础明显较差的考生，也不能直接拒绝，必须予以鼓励。

"做人比做学问更重要"，这是博士生入学第一堂课谷书堂每次都会强调的一句话。他对招收研究生十分慎重，学生通过正常的笔试、面试后，他甚至还会派专人到其所学习的学校考查，并利用出差的机会亲自考核他们的学习和为人的情况。一旦认准你是读书的好苗子，哪怕是自学成才没有高校学历的农民子弟，他也乐意招入麾下。

很多人发现，在谷书堂身边工作和学习，身教常常胜于言传。

山东大学经济学院教授臧旭恒记得，有一年谷书堂应邀在全国高校社会主义经济理论与实践研讨会做总结发言。闭幕式前的小组讨论会上，80多岁高龄的谷先生戴着老花镜，边听大家讨论，边修改总结稿，近半天的讨论过后，总结稿已被老人家改得"面目全非"。

谷书堂曾给人题字"冥思苦想，乐在其中"。他的夫人伏义琴也有这种感触，"我和谷老师一起生活了 60 年，他这一生不爱说话，唯爱思考。"

伏义琴在总结丈夫学术生涯时，曾引用袁枚的诗作："七龄上学解吟哦，垂老灯窗墨尚磨，除却神仙与富贵，此生原不算蹉跎。""此生原不算蹉跎"，这或许就是谷书堂教书育人、痴迷学术的真实写照。

谷书堂 90 岁时，学生们编写了一本介绍他学术经历与学术思想的书，谷书堂深思熟虑后，将书名定为《不平坦的治学路》。2011年，南开校友张思民创办的深圳海王集团出资 1000 万元设立谷书堂经济学学术基金，支持中青年学者关于中国经济学基础理论与重大现实问题的开创性研究。这或许会让他们的治学路平坦些，虽然谷书堂再不能亲自指导他们了。

二、追忆篇

本篇由十多篇文章组成，包括吴韶延的《我眼中心中的公公——谷书堂先生》、常修泽的《谷老师，让我再看您一眼——缅怀著名经济学家谷书堂教授》、朱光华的《谷先生是南开大学经济学院的一面旗帜》、陈宗胜的《一位泰斗级的经济学引路人——忆恩师谷书堂教授教学科研的几件事》、宋光茂的《恩师如父》、周冰的《怀念恩师谷书堂教授》、张明玉的《恩师的一个选择，影响了我的一生——悼念恩师著名经济学家谷书堂教授》、宁咏的《不唯书，只唯实——怀念谷书堂教授的教诲》、张雁的《此生原不算蹉跎——追记著名经济学家谷书堂》、逢锦聚的《中国特色社会主义政治经济学探索的先行者——纪念谷书堂教授逝世一周年》、李家祥的《中国特色社会主义政治经济学建设的"南开方案"》、郝静秋的《谷书堂教授追思会纪实》和《一生与经济理论研究为伴——纪念谷书堂教授逝世一周年》，刘刚、张海鹏的《理论自信的源泉——谷书堂先生中国特色社会主义经济理论学术思想座谈会纪要》等。这些内容都是各位作者在回忆自己与谷书堂先生交往的点滴往事中撷取的不同片断，表达了他们对谷书堂老师的深切怀念和浓浓爱意。

我眼中心中的公公

——谷书堂先生

吴韶延①

我的公公，谷家的骄傲——谷书堂先生，于 2016 年 3 月 27 日 19 时 56 分结束了在人间的旅程，踏上了通往天堂之路。从此

天人永隔，此生再也无法见到鲜活的您，不由得心如刀割悲痛万分。原定好四月中的春假带着女儿再去看看爷爷，您却已经走了！整理着有您的照片，回忆着有您的日子，儿媳以这篇图文寄托对您的哀思。

已经记不清什么时候第一次见到您。大概是大四的时候我与您家小儿子开始正式恋爱，去家里见过谷家父母。您二老总是笑容温暖，当时家里哥姐也都在交友中，周末三对年轻人和谷家父母一起包饺子，欢欢喜喜好不热闹。这种温暖的家庭亲和力使我们三对儿一直没有分开，家庭和睦，家长是榜样！

此生最为难忘的是我和晨刚结婚那段日子。那时正值冬日，还是生煤炉子的时代，煤气中毒事件时有发生。得知一个远亲家

---

① 作者吴韶延系谷书堂先生的二儿媳。

的一对新婚夫妇发生煤气中毒，您担心着我们，每天上班前都要绕到我们住的西南村十三宿舍，爬上二楼敲敲门，听见我们答应了您才放心走开。您不仅对家人上心如此，对同事学生也是关心多多。

　　我在家时，您的同事、学生来家找您是门铃不断，我是家中最年轻的，开门待客自是我的差事。这样也见证了您对来人们总是细心倾听耐心解答的良师益友态度。您的学生视您如父，与我们也都是兄弟姐妹的情谊！

　　记得出国留学前您请全家去利顺德吃早茶，这是那时全家最高大上的一次早餐吧！有一块小巧精致的手表，是您去英国访问时花了 60 英镑给我买的！那时这钱几乎是您手中的大半儿，您却毫不吝啬地满足了我的奢望！这块表我一直珍藏着！您每次出远门回来总是会为我们带上一份当地有特色的礼物，细心而温馨！

　　1991 年，我和晨来美留学。那时多数人家都穷，您和妈妈倾其所有为我们出国留学提供支持。那时打电话对我们来说简直是奢侈，只有新年那天有家电话公司一美元一分钟时我们可以打个电话，互相听个真声。写信是基本的沟通渠道。这事儿对晨来说绝对头疼，白开水的流水账！所以每一两个月的家书都出于我手，两家父母一家一封，侧重稍有不同。每封信我都尽量汇报一些生活中的小趣事、小细节。婆婆说了，公公最爱看我写来的信！

1996 年，晨博士毕业，公公婆婆来美参加毕业典礼。那时我已工作，每到周末公公都要问我，这周咱们去哪儿呀？每周末我们开车出去观景点探亲友，北上波士顿，南下威廉斯堡，结果他们刚走，我的车居然"报销"了！真后悔，早知先买辆新车了！

周末带父母和朋友外出烧烤，让父母认识我们的朋友们。体验我们在美的生活。公婆都不是保守的人，他们勇于尝试新事物！每天遛弯时去趟超市，尝遍各种奶酪……

我们带着公婆飞到加州三番市，看望老友何自强先生一家。然后开车一路南下至洛杉矶，其中还去了优胜美地。公公说这是他这辈子最长的一次坐车旅行。还访问了圣芭芭拉，去了我们南开同学家，他们带着我们游海港码头，买刚打回来的新鲜海货。

公公的大姐从台湾来美国，定居于马里兰州，聚集了我们在美国的第一家亲人！华盛顿 DC 附近还有公公的老同学们，我们还到新泽西看望老同学。

　　这是宾州的杜邦家族的长木公园，是我拍的最得意的老两口照！虽然专业人士对构图有异，但意境是我的追求！

　　公婆这次旅美行程结束前，新州秋叶未红，我们驱车向北来到纽约州的梦幻湖找寻秋色！

公婆再次来美是 1999 年我们女儿出生时。公公是下半年放了暑假，安排好工作后才过来。每天抱抱小孙女，享受着天伦之乐！老两口每天在露台上带着孙女晒太阳，踏秋，参观西点军校。谷家大姑一家来一起过感恩节，圣诞游纽约。

公婆在美时，我和老公也会为家庭琐事拌嘴。公婆的态度总是，公公帮儿子，婆婆帮媳妇！这是红白脸配合默契呢还是默契呢？得问问婆婆！结果就是女士们一致控诉谷家老爷大爷，批得他们哑口无言，一笑泯恩仇！

2001 年春节第一次带女儿谷美梅回国。从此每一或两年带她回国探望国内亲人们，2002 年夏照了全家福，谷美梅和爷爷常在南开园里遛早儿。

公公对生活的热爱表现为渴望到处走走，出去看看世界。2007年夏天，哥哥一家带着父母去欧洲旅行。我们一家也从美国飞到意大利的罗马与他们会合。罗马大教堂、罗马竞技场、比萨斜塔、佛罗伦萨、威尼斯。大家共游意大利，其乐融融！年过八十的公公每天都兴致勃勃，那次是全家最爽的一次旅行，只可惜姐姐一家未能成行。

　　公公的小趣事：一次中饭时，公公拿来两根棍状饼干当筷子用，一夹吃，断了！还说这么不结实！大家捂嘴大笑半天！

　　2008年夏，全家一起回山东老家省亲。在台湾的两个堂妹也来为身逝大陆的叔叔迁墓。与老家威海烟台的亲人合影，还到济南游玩。

　　一百二十万分庆幸的是，2014 年 10 月我决定回国参加公公的 90 寿诞庆典。他的学生们一直期待为先生办这个庆典。公公的身体状况那时已大不如前，家里人本不想做大庆，但公公自己还是愿意办，还要求通知亲朋好友们。想来他是要借这个机会和弟子们、亲人们聚聚。

　　考虑公公 90 寿诞是多么难得，于是和女儿商量好她自己在家一个周末，找人来陪，我和老公一个先去一个后到重叠两天共同参加庆典。

　　庆典前一天，南开大学党委书记薛进文同志亲自登门送来鲜花蛋糕表示庆贺，并为第二天要参加教育部紧急会议而不能出席庆典表示歉意。这期间我与公公的合影竟是最后一张合影。虽然2015年夏又回国，阴错阳差居然就没拍全家福……

公公在上海的 90 多岁的表姐外甥女，在台湾的表弟们表弟媳，在西安的妹妹妹夫外甥，台湾的小侄女一家以及美国回来的外孙女和我们这一家，在津家人一共二十来口欢聚一堂！

一家人合影。谷家是一个温馨和睦的大家庭！海内海外众多亲戚相互牵挂关心着。都说老人是家中宝，实际上老人就是一个大家庭的维系点！公公是谷家的那个中心点，您虽然身去但精神仍在。我们大家仍会一如既往地团结和睦！

谷家小一辈大多在美国，全家聚在一起实在好难，但是现代科技把地球两端的一家合在一起了！

爸爸您放心地去天堂吧，我们大家会帮您照顾好妈妈的！想起来，2015 夏天回美那天美梅和爷爷奶奶的合影，哪知一转身就是永远，下次回去就见不到爷爷了！

家中收藏了很多公公的书或有关公公的书，您是中国知名科学家！您是一位不平凡的学者。

成为一家人后三十多年的点点滴滴，不是短短的一篇文字能够充分展现的。认识您三十多年，您在我心目中的形象就由这首长相思来表达吧！

爱一世　慈一世　修身齐家严律己　名士当其实

正一生　诚一生　兢兢业业育桃李　学界美名声

您是谷家的骄傲！是南开的骄傲！附上我们化学系 79 级邓同学给您的评价：德高望重　子孝孙贤　四世同堂　圆满一生。

这是美国新泽西州帕斯波尼三月二十八日的日历。您走的那天正是美国的复活节，愿您在天堂新生！天堂人间，我们两处安度，各自珍重！

2016 年 3 月 28 日，美国新泽西州

谷老师，让我再看您一眼

——缅怀著名经济学家谷书堂教授

常修泽[1]

2016 年元旦前几天，我在海南与师母伏义琴老师通话时，还说您好好的，好好的。没想到，1 月 10 日上午，我就接到您住进重症监护室的消息。

"谷老师，谷老师……您醒一醒，醒一醒，修泽看您来了，修泽看您来了！"11 日下午 4 点 20 分，距探视关门前只有十分钟，我终于从机场赶到重症监护室，看到了您，我一遍一遍呼唤，但您静静地呼吸，脉搏均匀地跳动。

谷老师，我第一次遇到您，是 1974 年。教育部委托南开大学主办政治经济学进修班，我有幸进入此班学习。就是这次难得的机遇，使我与您结下终身师生情缘。当时得知，由于"左"的路线作怪，在 1964 年所谓"社教"运动中，您被宣布"三不准"（不准上讲台，不准外出演讲，不准发表文章），自此您被迫离开讲坛十年之久。只是教育部要求派出资深学者给这个班授课，您才被"破例"安排，给我们班主讲"社会主义经济理论经典著作"。这是您十年后第一次复出，而且是在没有被解放的情况下啊。可贵的是，您虽然承受着沉重的负担，但您依然那样执著地追根溯源，探索真理。我清楚地记得，您当时点拨我的"一根两苗"。您说，从经典作家"劳动谋生手段"这条根上，本可以长出两棵苗：按

① 作者为国家发展和改革委员会宏观经济研究院教授、博导，曾长期工作于南开大学经济研究所，本文发表于天津日报 2016 年 4 月 1 日第 14 版。

劳分配和商品经济。但是，经典作家为什么只承认按劳分配而否认商品经济呢？您的话，使我受到震撼，激发了我探索经济理论问题的兴趣。

谷老师，是1978年十一届三中全会给您带来新的生命，您被任命为南开大学经济研究所第一副所长（主持全面工作）。此时您已经年过半百，但您仍像个年轻人一样充满活力。上任后迅即调整学科充实研究力量。正是在此背景下，您拟将我调入所内工作。考虑到南开经研所在国内外的学术影响和自己的大专学历背景，我有些胆怯，有些顾虑，但您热情鼓励我，并亲自向滕维藻先生（时任副校长兼经研所所长）汇报，最终南开大学破格录用了我，从而为我开启了通往经济学学术殿堂的关键之门。我切身体会到您的包容大气。这，怎能让我不终生感激？

那一年，1984年，召开全国第一届"中青年经济科学工作者学术讨论会"，那是在中国改革关键时刻的重要会议啊。您鼓励我们撰写论文，您支持我和罗力、杜厦、岩石四人积极参会，您说："这是青年学者直接为中央改革开放献计献策的好机会。"莫干山会议后，您又支持我们在天津召开全国第二届中青年经济改革讨论会，并以南开经研所为基地创办《中青年经济论坛》，拓宽理论探索园地。您亲自出席"天津会议"，这对我们青年人是多大的鼓励啊！

中国改革开放伊始，您主持国家重大课题《中国经济体制改革的理论依据研究》，力主以"社会主义商品经济"为依据，后又提出"按要素贡献分配"理论，特别是您主编的《政治经济学（社会主义部分）》（北方本），连出8版，发行150余万册，延续二十余载，滋养了一代又一代人。这些治学业绩，都已载入《20世纪中国知名科学家学术成就概览（经济学卷）》，学界不会忘记，历史不会忘记。

谷老师，我自己亲历的更不会忘记：1989年下半年和 1990

年，社会上出现了一股怀疑甚至否定社会主义商品经济的倾向，您觉得"不应回避这个问题"，要针锋相对撰写文章表明主张，于是您带领我在《经济研究》上发表了《社会主义与商品经济论纲》，系统阐述社会主义与商品经济的内在联系，指出社会主义与商品经济并不是矛盾的事物。商品经济不属于某种经济制度所特有，而是一种适应性很强或者说是中性的生产方式，在此论证基础上，强调中国改革必须坚持商品经济的市场取向，论文发表后引起关注。在当时的背景下，坚持这种市场取向，需要什么样的理论勇气？针对当时有人说："你们胆子太大了，这个时候还敢支持商品经济？"您说："这没什么可怕的，这是个基本理论问题，只要我们以为是正确的，我们就应该把真理坚持到底。"

"把真理坚持到底"——这是您最可宝贵的品格，也是您留给我们最珍贵的精神财产。

2016 年 3 月 27 日晚，传来您心脏停止跳动的噩耗。此时此刻，凝视您的照片，看着您百余万字的《谷书堂文集》，看着记载您学术经历和学术思想的《不平坦的治学路》，特别是看到您在扉页题写的"送给修泽"的赠言，真是百感交集……

2016 年 3 月

谷先生是南开大学经济学院的一面旗帜

朱光华①

2016年3月27日，谷先生仙逝。今天是谷先生逝世一周年，经研所召开座谈会，再次追思谷先生，表达我们对谷先生的深切怀念，激励我们继承和学习谷先生的高尚品格和治学精神，更好地做好各方面工作，进一步推动中国特色社会主义政治经济学的研究。

谷先生是经济学院的一面旗帜，在这面旗帜上，铭记着南开经济学科改革与发展的光辉历程，铭记着一批中青年经济学家从这里腾飞，我们要以先生为表率，不断前行！

关于谷先生的学术成就，科学出版社出版的《20世纪中国知名科学家学术成就概览（经济学卷）》有专门介绍。关于谷先生在教育、教学、人才培养、师生情谊、品格风范等方面，谷先生的众多弟子共同撰写了《不平坦的治学路》，情深意切，感人至深。最近又复读这本书，深受教育，这是经研所传世之作，建议大家再读。

今天的座谈会，要继续学习谷先生的学术成就和品格风范，进一步推动中国特色社会主义政治经济学的研究。

谷先生作为我们的领军人，他的亲和力是极为突出的，亲和力是一种人格的力量，人格的力量又是大于权力的力量，人格的力量是一种无形的凝聚力，是一种自在的向心力。我过去在参加

① 作者是南开大学教授、博导，南开大学原副校长，本文是作者在谷先生逝世一周年座谈会上的发言。

"北方本"的编写工作和学校工作中，深有体会。

"北方本"始于 1979 年，有全国 13 所院校的 20 余位老中青学者参加，在谷先生和宋则行先生领导下，团结合作，不断前进，长达 20 余年，先后出了 8 版，发行 150 余万册，多次获得国家优秀教材和优秀成果奖，是那个时代的代表性教科书。谷先生和宋则行先生两位领军人，德高望重，学为人师，行为世范，他们的亲和力是"北方本"的重要精神支柱。

谷先生在我校院系所的领导工作中，也是极具亲和力的。他在和我多次交谈中，经常讲到，要学会识人、用人、护人，即识才、用才、容才，体现了一位领军人物的高尚人才观。谷先生的亲和力和他的人才观，是我们永远要学习的榜样。

1992 年，《政治经济学（社会主义部分）》（北方本）主编谷书堂（右二）、宋则行（左二），副主编章宗炎（右一）、朱光华（左一）

2015 年 11 月，习近平总书记在中央政治局第 28 次集体学习会上指出，"要立足我国国情和我国发展实践，揭示新特点、新规律，提炼和总结我国经济发展实践的规律性成果，把实践经验上升为系统化的经济学说，不断开拓当代中国马克思主义政治经济学的新境界。"根据总书记的讲话，推进中国特色政治经济学的研究和建设，为马克思主义政治经济学的创新发展贡献中国智慧，是当代中国马克思主义政治经济学的学科方向。

我们南开经济学科，有很深的马克思主义经济学的基因，又有一批优秀的中青年经济学家在成长，谷书堂教授是社会主义政治经济学的重要开拓者，贡献卓著，我们应继承谷先生的事业，做出新的贡献，推进中国特色社会主义政治经济学的研究！

2017 年 3 月 27 日

一位泰斗级的经济学引路人

——忆恩师谷书堂教授教学科研的几件事

陈宗胜①

前天晚上，即 2016 年 3 月 27 日晚 19 时 56 分，我们敬爱的老师谷书堂教授，中国共产党优秀党员，著名经济学家、教育家、政治经济学泰斗，南开大学荣誉教授、南开政治经济学学科开拓者和杰出代表，在与多种疾病顽强斗争几年后，终因多项脏器功能衰竭，医治无效，在天津总医院逝世。中国经济学界失去一位政治经济学研究大家，一位社会主义经济学理论勇敢探索者，一位改革开放理论与实践的先锋战士；我们这些谷老师先后的学生，失去一位交流谈心的好朋友，一位德高望重的老前辈，一位泰斗级经济理论引路人。

噩耗传出，南开学子悲痛欲绝；经济学界，唁电悼函纷至沓来。社会各界纷纷以不同方式表达哀悼之情。北京的南开各级校友连夜举行了烛光悼念会，海内外学者友人在网上发起了大规模的悼念活动。我作为谷老师博士队伍中的大弟子，谨以此文表达无尽的哀思。这里不拟追溯他深邃的理论思想，而只捡拾他教学科研中的几个故事，以表达我们心中的敬意。

① 作者是南开大学教授、博导，原为天津市政府副秘书长，曾任南开经济研究所第八任所长，本文发表于《南开大学报》2016 年 4 月 15 日（第 1298 期）第 3 版，中国北方网、人民网、政协网、中国网等先后转载。

一、乡音不改　影响满京华

斗转星移，世事沧桑，从 20 世纪 80 年代初师从谷书堂教授学习到今天，转瞬就是三十多年了；每每忆及当年追随谷书堂教授问学的情景，仿佛就在眼前。

我记得最初认识谷书堂教授，是从他"乡音不改"的特征开始的。我们同是山东省威海市人，是他最近的小老乡；同其他地区相比，胶东人的相貌诚实、憨厚，尤其口音是特别的，这在冯德英的《苦菜花》等"三棵花"的小说等多种文学作品中都有反映，从最初我听谷老师讲课时就确认了，因为他的胶东特色口音几乎没有多少变化。中国有句古话，亲不亲家乡人。由此，我从最初就觉得有一种亲近感，没有想到如此著名的大学者是自己的胶东老乡。这可能也是本科毕业后我选择谷教授作为我的硕士导师的一个潜在原因吧。

我是"文化大革命"结束恢复高考制度后，通过统考进入大学的第一届本科大学生，即通常说的"七七级"。但实际上，所谓"七七级"是指 1977 年参加考试，而真正入学则在 1978 年初；我是 1978 年离开山东来到天津市，进入南开大学经济系本科学习的。刚到南开时，真是让我吃惊得很，到处都是煤灰，粉尘飞扬，因为天津当时刚经过了七六年的大地震，到处都是临时建筑，油毡棚，干燥的大风刮过，到处都是粉尘，不要说 PM2.5，就是 PM20.5 都有，与我刚离开的山东滨海城市青岛真有天壤之别，那里是红瓦绿树，海风习习。我当时真的曾有过后悔来津求学的想法。可是很快，在南开园中上过几次课之后，我就修正了这个想法。青岛的海天景色的确是美，但里面欠缺知识的厚重，一两个大学，一两张报纸而已；而天津市的尘土飞扬中却掩映着几十所大学和大批著名学者，特别是南开大学这样的高等学府里，著名教授结队成群，下面我就会提及部分经济学教授的大名。所以，我很快就在南开大学的教室里看到了未来，在图书馆里确定了位置，在马蹄湖畔找到了乐趣。

那时，南开大学还没有什么学院，经济学方面只有一系一所，经济学系和经济研究所，经济系的本科教学在全国是响当当的，师资实力雄厚，教材相对齐全，教学水平一流。经济系七七级是一个大班级，一共96个学生，在系里安排的班主任庞传森老师的指导下，相互联系紧密，几个兄弟班级会经常搞一些联谊活动。我作为七七级的班长，结识了不少其他班级和系所的老师和同学，其中就包括谷书堂教授。七七级人才济济，学习气氛浓厚，入学不久在其中一位同学的努力下，就办起一张全国大学生中唯一的创新性的报纸《经济初学》，那可是我发表经济学论文处女作的处女地，听说至今这份报纸还在办着，而且越办越红火。记得当时报头是请著名学者于光远先生题写的，而其他学者的题词中就有谷书堂教授的鼓励和支持。那时谷书堂教授是在南开经济研究所位于南开大学高高的苏式教学主楼的六楼办公，我和几个同学结伴跑去他办公室里找他，他是用钢笔在空白纸上写下了他的祝词，鼓励我们好好学习经济学知识，语言朴实无华，连同他笑嘻嘻的和蔼样子和积极支持的态度，给我印象深刻。

二、教授本科　讲座受欢迎

其实，以上所提题词之事，不是我第一次见谷书堂教授的面。当时，南开大学经济系的本科课程，除了数学、哲学、历史、外文之外，主要就是学习马克思的《资本论》，读原著很难，都是从研习学校编写的资本论《原理本》开始，然后是《资本论》的重点章节的学习，进而再读原著。带领我们进入经济学的殿堂，给我们授课的老师全是国内外的一流专家，比如经济系"资本主义政治经济学教研室"，有系主任魏埙教授，写过多部《资本论》解读本；夏长森教授讲课时总是微微晃动着智慧的脑袋，深入浅出；高峰教授授课时从无一句废话，曾因研究现代资本主义多次获奖；邹树梅教授是国内少有的一流女教授，讲课时字正腔圆，很少用讲稿。这在当时一定是全国最强的教学班子。通过这样的教授和学习，到考试时，资本论的第一卷我几乎都能背下来，我自己都惊讶竟有那样的即时记忆能力。我自己常为马克思资本论中严密的逻辑性所折服，但有时也对他的个别分析感到纳闷，既然只有劳动创造价值，那么其他要素就一点没有用了吗？这似乎是不少同学都有的疑问。

学习《资本论》的同时，我们还要学习郭士浩、伏义琴、张厉声教授讲授的经济史课程，学习李竞能、冀有江、纪明山、鲁明学教授讲授的西方经济学说史，学习马克思研究过的费尔巴哈的朴素唯物主义、黑格尔的辩证法三规律，以及亚当·斯密的古典经济学，圣西文、傅立叶的空想社会主义等。由于马克思经常提到共产主义的第一阶段社会主义，所以系里面的老师也不时地组织讲座，有时也是学生们自己邀请系外的教授，比如经济研究所里研究现实问题的老师给同学们搞些讲座。我记得就是在读本科的那时候，在课堂上第一次见到谷书堂老师，他当时讲授的什么内容不记得了，只记得第一次留下的印象是，说话严谨，表情严肃，似乎不苟言笑。意外的收获就是，断定我与他一定是胶东同乡，讲座结束时我的鼓掌是特别起劲的。

《资本论》的学习之后，教室的讲台就由另外一些教授占领，如林惠慈、温海池、李元亨教授等，由这些教授为我们讲授列宁的"帝国论"，《论帝国主义是资本主义的最高阶段》等经典著作。我们知道了资本主义已经腐朽、垂死，但对照美国等国家中现实的资本主义的情况，不知何故，他们总是腐而不朽，垂而不死，我的心中就很是纠结和不解：帝国主义垂死挣扎的时间好长啊，可能现在是回光返照吧。因此，有时候系里就请经济研究所里研究当代资本主义的熊性美教授、滕维藻教授等大学者，到课上讲解当代资本主义的发展和局限。于是，我们得知，资本主义的腐朽、垂死是一种"趋势"，资本主义也会适应形势和环境而改变，具体的灭亡时间取决于多种因素，其中一个因素就看它的竞争对手社会主义，是否能最终发展壮大。这样的认识是在老师的引导下，经过很长时间才逐步领悟到的。

三、编著《北方本》　引导现实研究

在本科的较高年级，就是学习社会主义政治经济学了。我们先后听过朱光华教授、蔡孝箴、郭鸿懋、杨玉川、杨镇安、张仁德、王述英、吴国存教授的讲授，也听过陈炳富教授的讲授，他是讲经济管理科学的，曾引起不少同学的浓厚兴趣，而大多数其他教授都是从自己的角度尽可能地给我们介绍了社会主义的发展历史，除了讲述（前）苏联时期斯大林的理论外，就是讲新中国成立后的建设史；同资本主义政治经济学比较起来，我当时的感觉是社会主义政治经济学是不够完善的经济学理论，逻辑上和理论体系上，都是不系统的。但是，另一方面，社会主义经济学研究的就是中国的事，就是我们身边的事，这又让我感兴趣，即它激发并培养了我研究和探索现实问题的兴趣。

到本科学习的后期，在教授队伍中增加了谷书堂教授等更多来自经济研究所的老师，这进一步提高了我学习研究社会主义政治经济学的热情。谷书堂教授讲授的是《政治经济学（社会主义部分）》"北方本"，即社会主义政治经济学北方教材，是与蒋学模教授编写的"南方本"教材相呼应的。这部书的理论体系，我在以后还要提到，这里只是说明，它既不是资本主义政治经济学的简单模仿，这是当时很多人的尝试；也不是中国制度政策的简单汇编，这是当时另一些人努力做的工作；而是努力探索社会主义特有的内在逻辑，并以此来编排全书的体系和内容，因此当时赢得了广泛的赞誉。通过听课和阅读，我这颗当时年轻的心，似乎找到了今后努力方向，有了也参与其中做些事情和进行研究的想法，也产生要重点研究现实经济问题的冲动。

我的本科毕业论文《论包产到户的适应范围》，是讨论关于包干到户责任制的适应性适应程度的，主旨是想弄清楚包干到户这种初级生产形式能够适应什么样水平的生产力，是由当时经济系最年轻的梁晓东老师指导的。1981 年全国农村地区很多地方都开始实行土地联产承包责任制，从人民公社到分田到户，体制发生了很大的变化，许多地方顺利实施，也有不少地方阻力不小，比如我的老家当时的烟台地区，很多人就不以为然，认为包干到户只适应于生产力水平很低的情况，富裕地区一旦实行必是生产力的倒退。现实是否是这样的？这就是我论文选题的初衷。

我们选择农业题材的学生有一个大组，都由梁老师带领到外地展开调查研究。我们首选南下到安徽凤阳小岗村这个包干到户的发源地去考察，看包干到户在那里是否真的有效。我们实际上去了凤阳和全椒等多个地区做实地调查，我访问了几个村子，特别了解了按人均收入和亩产量等分属贫困、中等、富裕三个层次的不同村的情况，发现实行包产到户后，三个层次的村庄的产量都提高了；还与当时（据说是）中国最富裕的烟台地区进行了比较，得出了结论是，包干到户责任制适应于当时全国大多数地区，包括烟台地区。这一结论的得出，是调查研究的结果，算是为中国农村改革提供了一点依据。这篇论文得到了指导老师的高度赞扬，后来读硕士前也给谷教授看过，也得到他的充分肯定。本科大二大三期间，我还写过其他几篇有些想法的学术文章；我还利用假期回家的时间，做了农村集市价格与供求关系的调查，结果都在《经济初学》的小报上发表了，其中我特别记得，讨论生产力与生产关系的文章，还被人民大学的报刊文摘资料汇编全文转载过，直引得不少同学好羡慕啊。

听说现在许多大学里招聘人才、招收员工，不是仅仅审查最后学历，还要往前深查本科学历，唯"985""211"是举，我不以为然，这把相当一些没有学历或学历一般但很优秀的人才都排除在外了，不利于社会发展也不符合改革后的实际，我很不赞成这种做法。但以我的观察和个人体会而论，也不得不坦率地说，扎实的本科教育的确是优秀人才的成长基础，良好的经济学基本功培训和锻炼，是一个经济学家成长的基石，也深为自己有幸得到了南开大学厚实的本科教育而感到自豪，并对以上提到及没有提到的南开大学经济系教过我课程的多位老师，深怀感激之情，特别是对谷书堂教授，他后来又指导我完成了硕士、博士学业，毕业后再进一步推荐我到美国耶鲁大学完成了博士后研究，一步一个台阶地把我们推上了学术研究的高峰。今天回想起来，我和我的同学们、同事们能为国家、为人民做些事情，有些甚至做出不小的贡献，首先就应当归功于教授我们知识的谷老师们、魏老师们，应当感谢他们不懈的教诲和培养、培育。

四、教书育人　桃李满天下

伴随着新中国的建设与改革进程，同许多老一代学者一样，谷书堂教授的经历和行为中都打下了深深的历史烙印。他经历过对新生的共和国的热情投入，对反右斗争的惶惑不解，对"大跃进"中的狂热行动的疑虑，"文化大革命"中又惨遭批斗折磨（插

图为谷书堂 1971 年在天津南郊大苏庄农场放羊），以及改革开放
后壮心不已、老骥伏枥、大显身手。正是这样的一些曲折的人生
经历铸就了，或者说是更加显示出他矢志不移、百折不弯、勤勤
恳恳的优秀品质。在学术研究方面，他作为成名很早的经济学家，
善于独立思考，敢于创新，不愿人云亦云，而是力求实事求是。
在经济学教学方面，谷书堂教授作为教育大家，总是孜孜不倦，
潜移默化地教育、培养和影响着学生。

谷书堂
教授是一位
经济学教育
家，对教育
事业影响深
远。1949 年
谷书堂教授
毕业于南开
大学，此后
至今为他所
钟爱的经济
学教育事业奉献毕生心血和才智。如果说五六十年代他多数是作
为其他教授的助教并以从事研究为主，文化革命中又多是蹉跎岁
月，那么只有在改革开放后他才能真正全身心投于经济学教育事
业，但出于工作的需要和组织的安排，谷书堂教授一直是"双肩
挑"，在从事繁忙的教学和科学研究的同时，还担任了学院里面党
务和行政管理工作，先后任南开大学经济系系主任助理、系副主
任、党支部书记，经济研究所常务副所长、所长，经济学院院长。
他始终是一边做管理工作，一边又亲自组织教学研究队伍，亲自
主编教材，亲自为学生授课，传授知识，释疑解惑。
　　谷书堂教授把大量的时间都用在教学和培养学生上，一直认

为，从推动中国经济学的整体发展来说，花费更多时间培养学生，能够做出更大的贡献。从开始从教到今天，他已先后培养了大批的本科生、硕士生和博士生，真可谓是桃李满天下。在他培养的学生中，继续从事研究治学的，早就脱颖而出，有的著作等身了；从事企业实际经济工作的，有不少人早成为国内外有影响的大企业家；从事党政管理工作的，更有一批高官高干，在各级政府部门指挥、决策、干事；大多数人毕业后在各种平凡岗位上，奋力进取，做出了不平凡的事业。经过谷书堂教授教育毕业后的学生，遍布在国内外各个领域工作，很多学生经常跟谷老师保持联系，就某些问题向谷先生求教，仍然经常受到谷先生的教诲。

五、坦诚包容　大家风范

1981 年我本科毕业准备考研。由于本科时逐渐培养起的对现实问题的兴趣，我就准备报考社会主义经济学方向。谷老师是专门研究社会主义经济学的，在这一方面影响很大，发表文章、出书都很多，于是我萌生了报考他研究生的念头。那时谷书堂教授与滕维藻校长、钱荣堃教授等这些前辈的办公室都在主教学楼六楼，每次经过主教学楼时，我都会不自觉地向主楼的六楼望去，我当时想法很简单，心想着六楼就是一个更高的学术殿堂，谷书堂等教授们是这殿堂的主人，他们所在的高度如同他们的研究水平一样，跟着他们一定能学到知识。后来，我如愿考上了谷老师的硕士研究生，成为了他众多弟子中的一员。研究生入学以后，同谷老师见面的机会越来越多了。除了课堂上听课时见面外，课外活动中也有更多的接触。南开大学的社团活动很多，历史上就是很有名的。我记得在书中读到，我们敬爱的周恩来总理在南开读书，时常参加业余演出，扮演一些话剧中的人物。

　　改革开放后南开校园逐渐从"文化革命"的死气沉沉中焕过神来，恢复了昔时的活跃气氛。我们那个研究生班里活跃人物也很多，班里经常举办各种各样的活动。有一次学生年终聚会，我记得是一个下午就在主楼六楼经济研究所的中厅里举行。邀请了老师和外系学生来参加，济济一堂。谷书堂老师和钱荣堃老师也都应邀来参与活动。活动中有一个环节，是让老师们来回答学生预先设计好的题目。我是研究生班的支部书记，事先也知道联欢会的内容，为了避免一些场面出现尴尬，曾特别叮嘱当时的主持人梁静同学，如果提问老师时应当问一些常规性问题，不要太生僻，免得让老师们在大庭广众下下不来台。可是到临场发挥时，梁静这家伙竟然完全忘记了。当时他是问了谷老师几本外国小说的作者名字，有些难度但应当不是很生僻，他连续问了几本书的作者，谷老师一时都没答上来。一旁的钱教授示意我不要再问下去了。我当时心里面直埋怨梁静安排不妥，也担心谷老师说我们组织不细，考虑不周，在会场上有意为难他。但出乎意料的是，在主持人连续提问中，谷老师不但没有因此而恼火，责怪学生为难他，反而是如实向主持人说明他不知道，连续三个"不知道"，如实地"答不上来"，他的这一诚实举动赢得了学生们理解的掌声和笑声。会后他与钱荣堃老师一起开玩笑调侃说，"我们都是老头子了，记忆力不比你们年轻人的"。师生关系一如既往，处得很好，很融洽。谷老师一向是如此坦诚、包容，与人真诚相待，他的大家风范和实事求是的精神，总是我们学习的榜样。

六、甘作人梯　扶持后辈人

　　谷书堂教授作为教育大家，特别重视年轻人才的培养和锻炼。这里仅举几例。我的硕士同学逄锦聚，是来自山东胶南县农村的，有丰富的实践经验和管理才华，经过三年硕士学习后，在很年轻时就被谷书堂教授推荐到学院担任副书记、院长，以后又到学校担任副校长，这在当时也是需要一些勇气的。我自己的成长发展也是一个活生生的例子。当年我 30 多岁，从美国耶鲁大学博士后研究完成归来，谷老师考虑再三，从事业未来出发，直接把南开经济研究所所长这副担子从他的肩上交给了我。那时我也年轻气盛，希望回来能担当重任干一番大事业，但这一决定多少还是让我有些意外。因为我深知南开大学南开经济研究所在国内外的地位和影响。南开大学经济研究所（以下简称"经济研究所"）创建于 1927 年，它是如此重要的一个研究机构，以至于在中国高校里面没有任何一个机构可与其比拟。它的所长一职历来都是由有着辉煌业绩的资深学者担任的。如第一任所长当时由耶鲁大学经济学博士何廉先生担任，之后的继任者有著名经济学家方显廷、陈序经、王赣愚、季陶达、陶继侃，南开指数至今仍在国内外享有盛誉。改革开放后的所长则由校长滕维藻先生兼任，再后来是熊性美先生、钱荣堃先生，谷书堂先生是第七任所长。这些学者都是各个时代的一流经济学专家。我担任第八任所长，无疑是"亚利山大"（压力山大）。

但是我理解，这是谷书堂教授作为老一代学者的信任与嘱托，我必须接受并全力干好。所幸始终有谷书堂教授的指导，自从 1993 年我担任这一职务后，与几位同事倾全力工作，应当是没有辜负谷书堂教授的期望和厚爱。我当时制定了一个规划，实施五个一工程：建立一个基金即谷书堂经济学基金、实行了周学术讨论会制度、推动一个大型研究课题、出版一本有影响的专著、每年召开一次国内外有影响的学术会议等。在我担任所长的五年里面，这些目标基本都圆满实现了。经济研究所的老师们承担的课题数量、争取的经费数量、发表在一流杂志上的文章数量、经济研究所与内外其他学术机构的联系以及整体上的学术影响在国内都有大的提升。当然，这些成绩的取得都是谷书堂教授支持的结果，我在每一举措实施前及实施中，都能得到他无私的指导和精心的支持。比如，在召开庆祝经济研究所成立七十五周年的学术讨论时，来自全国及国外的专家学者近千人，谷书堂教授都是坐镇指挥，帮助我化解了一个个矛盾和问题，保证了会议的举办顺利与成功。当时有人说，经济研究所是以一所之力召开了一个校庆会议，了不起。

　　20 世纪末，天津市委高德占书记学习上海，从学界选取人才充实政府官员队伍。组织上安排我和全市另外七位博士教授（民间说"八大金刚"），到市政府有关部门挂副厅局职锻炼，我原拟到市经委，到位前又被市计划委争取到，担任副主任。谷老师听说是挂职，且可以更贴近地知悉政府部门运行规律，即欣然同意给以支持。但一年后被要求转正时我拿不定主意，当时我还是经济研究所所长，所里面工作怎么办？谷书堂教授也犹豫了，但考虑是市委组织决定，加上有先干几年再寻求回校的想法，也就勉强同意了。在当年的一个场合，我曾就此事向著名学者戴园晨教授请教过，他颇认真地说，当然要去赴任，你现在是去做政府高官，在中国体制下职位较高就可行权做些有意义的事情，不比我和谷老师当年只是一底层科员，只有听喝。况且，理论研究的目的是指导实践，最终要完成改造现实世界的任务。听了他的话我心里逐渐明白许多。我下定决心但求做事，不为做官。

　　我先在发改委干了四年，然后升任市政府正厅局级秘书长，一干就是十五年，职务上多年未动，却成就我想多干些实事的初衷，积累大量成功完成的事业；中间也曾有过徘徊，但在政府的分管工作，始终做得扎扎实实、卓有成效，先后协助相关领导完成了相关政府工作，主持筹备了首次天津达沃斯论坛、十届"融洽会"等等一系列高端会议，多年多次在多个场合代表市政府工作、表态、宣示政策，真正运用我所掌握的知识，为天津高新技术产业化、新世纪的三步走战略、应对加入 WTO 的挑战、第三增长极战略、工商制度改革、劳动社保体制实施、增值税制度改革，特别是金融创新方案制定与实施方面，为天津打造基金管理中心、租赁金融基地、综合经营实验、外汇管理、场外交易资本市场体系、金融与自贸区等等，做了大量实际工作，可以说为人民、为天津、为国家的改革开放、经济社会建设做了相当的努力和贡献，并严格遵守党纪国法、为官底线，政绩政风，道德人品，深为上下左右所称道。因此，我心坦然、豁然，可以说是亲身实践了谷老师一贯倡导的堂堂正正做人、勤勤恳恳做事、理论源于实践又必为实际服务的宏愿。

七、朋友般相处　师生情谊深

谷先生的为人与治学，教书和研究，追求与理想，脾性及风格，一直是我们学生辈学习的榜样。他不仅仅是一位令人尊敬的先辈师长，也是一位值得深交和信赖的朋友。谷老师一直都是谆谆教诲、孜孜不倦地教育着他的学生，给学生以亲人般的关怀，结下朋友般的友谊。

我作学生时，谷教授与谷夫人伏义琴教授，经常请学生们到他们家里吃饭、聊天，真正把学生当作朋友、孩子、亲人一样。我记得有一次，他们住在南开大学北村的一所住宅楼的顶层，大概是五楼，他邀请我们学生去他那里吃饭，我们都很高兴并且主动表示要前去帮忙，他就说不需要帮助，你们就按时到达即可。当我们想着他们老两口岁数大了，一定还是需要有人帮助做些体力劳动，从而稍微提前到达后发现，他们早已经把通道杂物清理好，几个桌子拼成的长条桌子摆在接待室，上面满满地摆放各种糕点，形形色色，令人馋涎欲滴。由于学生较多，大家说说笑笑，一会即狼吞虎咽，一扫而光。事后我们议论，谷教授和伏老师为这顿饭实际上付出很多辛苦劳动，采买搬运，收拾整理，就是把几张桌子拼进来也得费他们不少力气的。哪如现在，要吃饭就进饭店，花几个钱什么都有了，不必费心费力。对比起来，老师对我们的心意，实在应该是太大太重了，学生应当永记心头的。

我们从谷教授身上学到的，不仅仅是一些经济学理论和观点，更学到了他科研教学的风格，教书育人的方式，做人处事的风范，为人行为的模式。谷先生和他那一时代的老一辈经济学人一样，都具有很相似的优秀品质和执着的人生追求。他总是教导学生们要以国家大业为重，淡泊个人名利，做一个正直坦诚的、对社会有用的人，要学会互谅互让、容忍、和谐。他是这样说的，也是这样做的。

八、实践问题导向　理论接地气

谷书堂教授的理论研究的一个重要特点是联系实际，他善于敏感地从现实中提出一些重要的理论研究题目。翻开 150 万字的《谷书堂文集》（上下卷）（经济科学出版社 2009 年出版），可以清晰地显示出谷书堂教授追踪中国社会主义实践的轨迹，集中总结了他多年从事社会主义经济学理论研究心路，也是中国几十年经济社会发展的一个历史缩影。透过这个文集，我们可以看到，五十年代初期，他在教学实践中发现了马克思关于"社会必要劳动时间二重含义"的论述，即于 1955 年在南开大学科学讨论会上，同魏埙教授联合发表了《价值法则及其在资本主义发生发展各个阶段上的作用及形式》的论文，这是他初露头角的成名作，后应上海人民出版社之邀扩充为单行本，并先后两次再版，引起中国经济学界 20 世纪 50 年代和 60 年代几次大的讨论，吸引了众多著名学者如骆耕漠、张卓元、吴宣恭、林兆木、卫兴华、曾启贤、孙膀武等，开展了更加深入的研究讨论。

20世纪70年代末和80年代初，中国改革开放开始，经济体制改革的基础在社会各界认识不一。谷书堂教授于1979年发表了《论价值规律在社会主义商品经济中的调节作用》，提出社会主义经济是公有制基础上的有计划的商品经济的观点，成为我国最早明确认定社会主义商品经济性质的经济学家之一。80年代中期，谷书堂教授在（1985年）第一届全国高校学术研讨会上，提出了不同于传统"按劳分配"的"按劳动贡献分配"的观点，并从市场经济考虑扩展到按生产要素贡献分配的观点，于80年代末（1988年12月）与学生蔡继明博士合作完成《按贡献分配是社会主义初级阶段的分配原则》一文，提交纪念十一届三中全会十周年理论讨论会。90年代初他积极支持邓小平关于社会主义市场经济的论断，并在他先后主持编写的社会主义政治经济学教材《北方本》《社会主义经济学通论》中进行了全面、集中的阐述和体现。

谷书堂教授不仅重视理论研究的实践性，根据实践需求提出问题，他还身体力行，亲自迈开双脚到实际中了解情况，寻找答案。1980年谷书堂老师带领学生到威海，下到工厂车间了解管理制度的现状和改革方向，了解工人的收入分配情况。其中，1983年他到烟台市调研产生的影响给我留下深刻印象。当时他在调研期间应邀去烟台党校进行演讲，把商品经济、价值规律与包产到户联系起来，认为农村体制应当往这方面发展。烟台地区那时是全国经济发展水平最高的地区，比较安徽省等地百姓的生活水平也高不少，大家对搞土地承包责任制不太能够想通。据说胡耀邦多次劝说烟台地委书记，但仍无法推行，无奈只得将其调中央党校学习一年，期间干脆通过组织手段更换了负责人，由别人担任烟台地委书记。谷书堂教授的那次演讲可能正是新书记任职后的作为，他的演讲应当是提升了人们的认识，真正做到了将理论联系实际，融会贯通，并使大家在思想上有所启迪，扫除了烟台地方官员和农民对包产到户的疑虑，因此名声大震。

我在夏天回家时，跟家乡的镇干部和老师相见，介绍我在南开大学读硕士，期间他们问起我的导师是谁，我跟他们说是谷书堂老师。他们出乎意料地都个个竖起大拇指，称赞谷老师，难道乡村农民也知道谷书堂的大名？我非常愕然。一询问，原来他们这个层次的乡村干部就是通过听谷老师的那次演讲而知道他的，他们都觉得受益匪浅，从而敬佩他的学识，并认为我跟随了一个好老师。我猜测，也许正是由于谷老师的精彩演讲产生了积极效果，1984 年烟台地区跟上全国改革的步伐，全面开始推广包产到户。

九、鼓励创新　不尚空谈

谷书堂教授不仅自己理论联系实际，而且鼓励学生也要深入实际，不尚空谈。我在报考硕士时曾专门向他介绍了我的讨论包干到户责任制的适应范围的本科论文，给他和杨玉川教授看了我关于农村集市农产品价格调查报告等文章。他们对我论文中通过调查提出的观点非常赞同。我的硕士论文是命题论文。当时谷教授承担了国家一个"关于经济调节机制改革"的课题。有同学承担指导性计划与市场调节的改革部分，分配我承担的是指令性计划的改革方向这一部分。我不愿意担任这一部分的研究，认为没有什么意义，也真不知如何改革，因为当时的舆论认为指令性计划要全部取消，即没有什么可改革的。但是我是军人出身，军人的天职是服从。因此，我就接受了任务。有同学调侃，"你是按指令性计划研究指令性计划，结论却是否定指令性计划"。

谷书堂教授就鼓励我们先调查研究再下结论。我和锦聚同学等一起，先在京津地区国家部委和大型国企中访问，又去辽沈地区考察有共和国长子著称的钢铁企业调查，再去苏南苏北常州集体经济发达的地区，最后去了安徽、江浙民营经济发达一带考察。这样纵横半个中国的大规模调查，大大地开阔了我们的眼界。我回校后写出了《指令性计划如何利用价值规律》的论文，主张一方面要大大减少指令性计划的调节范围，只在必需的领域里保留；另一方面指令性计划也可以在一定程度上利用价值规律；我提出一个群体指令性计划的新概念，认为指令性计划是必须完成的，但在完成指令指标时可以在群体内开展竞争，利用利益导向完成任务。这可是"大大的"创新，得到了谷老师的高度认可。结果此文在学术名刊《经济研究》上发表，并且很快被后期一些综述性著作所摘编。

硕士毕业后，为扩大我的研究视野，培养我的宏观观察能力和敏感度，谷书堂教授和当时所长熊性美教授专门联系，安排我到国务院经济研究中心（原名为发展研究中心）工作，熟悉中央高层战略思维。在那里我与李山泉、岳冰等同伴一起在吴敬琏先生的领导下，为当时的中央高层领导胡耀邦、张劲夫、田纪云等写内参报告。记得当时条件较差，我住在月坛北小街的地下室里面，潮湿阴暗；白天还要挤公交车到府佑街设在国务院内的经济中心上班，后来经济、价格、技术研究"三中心"合并，又转移到旁边的国务院机关事务管理局上班，工作辛苦劳累，但经常有新人新事吸引我，还是很有新鲜感和成就感的。

那时人事层级简单，在吴敬琏先生主持下我们经常可以直接请各部委的领导到中心介绍情况，因此我们起草拟定的报告就经常能够得到胡耀邦同志的赞扬和肯定。当时社会热点及领导的关注点是改革与形势的关系问题，由我撰写的关于经济是否过热、增长率是否过快，通货膨胀过大，价格过高，价格改革闯关能否成功的分析报告，几次得到胡耀邦同志、田纪云同志的批示，有时就用四六句子，如"材料充实、观点明确、结论清楚、措施得当"。
凡有领导批示，说明我们工作有成绩，因此也多次受到吴敬琏先
生表扬。

十、杏坛举大旗　聚集天下才

1986年国家恢复博士招生制度。当时刚恢复硕士研究生制度
也没有多久，许多人对博士学位还有相当的神秘、神圣感，社会
上崇尚的风气是学习和读书，真正是万般皆下品，唯有读书高，
不似现在的钱本位、官本位那样市井气氛非常浓厚。因此，能够
成为博士生，戴上博士帽，是当时许多年轻人的崇高的"梦想"。

是年下半年，我在经过一番艰苦努力后，考取了谷书堂教授
的博士生，成为他的博士开山弟子。谷老师先后共招收硕、博士
生上百名，我在谷书堂教授招收的硕士学生中属于第二届（不过
他第一届硕士生实际是"文化大革命"后期的推荐生）；他共招收
博士生大约六十多个，我在他招收的博士学生中是第一届，其中
因一些特殊原因此届唯我一人按期毕业，真正开门弟子，大师兄
是也。不过这称号不是我自诩的。自从毕业后，前后共五十多位
博士同学们一起聚会时，时不时地要排排座次，论论先后辈号。
我这个大师兄可是同学们公认的。但是师弟、师妹们有成就者，
大大高于我者，大有人在，如周立群、唐杰、宗国英、尚斌义、
刘迎秋、高明华等，都是谷老师的优秀学生。

自从取得博士读书资格后，我一边在经济研究所从事研究和
教学工作，一边致力于博士课程学习。谷教授当时兼任中国宏观
经济协会的副会长，经常从政府部门和大企业请一些熟悉实际情
况的领导和专家来学校为师生讲课，如国家发展改革委的房维忠
主任讲中国的计划体制改革，天津市经委主任朱大年等讲授工业

企业的运行情况等，他们既了解实际情况又有很好的理论素养，因此使南开学生培养起一种不同于北大、清华的务实的素质，受益匪浅。

20 世纪 80 年代后期，中国改革重点从农村进入城镇，各种工业改革机制、办法推出，涉及许多人利益，矛盾日益突出。价格闯关、经营承包、税收分成、工人下岗、收入差别扩大。如何应对这些挑战？在一些青年学者包括中国社科院的朱嘉明及经研所的杜厦、金岩石等的努力下，天津创办了《中青年经济论坛》这一引导性的学术杂志，我作为办公室主任参与其中，一时成为全国青年学者趋之若鹜的圣坛。国家体制改革委的青年领导，利用体制优势举起改革旗帜，多次召开全国体改研讨会，周其仁、杜鹰等成为风云人物、意见领袖，各种社会思潮纷争，治国大纲并起。

这时我的博士论文选题也在进行中，以什么为主题目，我设想出了很多选择，最后与谷教授商定，围绕收入分配为主题进行研究。这是当时改革中的难点、热点问题，亟须要回答；也是有一定研究基础的课题，国外的研究方法也比较成熟。我经过大量阅读、梳理、研究，按照国外通行的针对问题—提出假设—统计验证—对策建议的思路，借鉴国际先进方法和理论，依据公有制经济的基本条件，提出了"公有经济收入分配倒 U 曲线"的假设，并运用中国统计年鉴和国外文献数据，借助国家统计局天津城调队的资料，进行了较为严格的证明。

这一理论很快得到谷书堂教授的认可，并很快由国内一流专家组成的答辩委员会通过了答辩，其成员有戴园晨、魏兴华教授等，得到他们的高度评价；随后被当时代表中国学界前沿水平的上海三联书店出版社选中出版。谷教授在此书前言中指出，"陈宗胜是我指导的第一位博士生，《经济发展中的收入分配》是在他的博士论文的基础上修改而成的"。"书中提出的公有制经济发展中的收入差别理论模型和倒 U 假说，对中国经济发展和收入差别的系统的实证分析，在经济学文献中均属首次尝试。通观全书，可以看出，这一课题的研究是下了功夫的，付出了大量心血，填补了经济学在这一研究领域的空白"。"分析和研究所采用的方法渗透着一种科学的精神，我所欣赏的地方主要也在这里"。如果说，经过多年的努力我在学术界还产生一些影响的话，则这本书就是我的成名代表作了。但是，应当说明的是，此书从选题到调研、从观点到文字，都是在谷教授的指导下完成的。

在读博士期间，随着读书范围的拓宽和专业英语水平的提高以及选修课程的增加，我的研究兴趣也逐步超出政治经济学，特别是当我选听了英国剑桥博士、老一代经济学家、当时健在的杨敬年先生的发展经济学课程，并且大量阅读了他指定的英语书籍后，我的视野再次拓宽。发展经济学研究的是二元经济转换，研究是一个农业国如何转变为现代工业国，如何从低收入水平落后经济上升到中上收入水平的发达经济。我第一次听后，觉得眼前豁然开朗，这不正是中国目前的情况吗？这不研究的就是中国经济吗？因此我花费大把时间，如饥似渴地学习发展经济学理论。

也是上帝眷顾，正在此时，杨先生邀请到国际著名发展经济学家拉尼斯（Gustav Ranis）教授，由我的好朋友北京大学著名经济学家林毅夫博士陪同，来南开讲学。他讲的内容正是发展经济学的基本框架二元经济理论，是刘易斯/费景汉/拉尼斯二元理论模型，我深为他们理论的严密逻辑、几何表述、数学推导所折服，也深为发展经济学理论与中国现实的紧密关系所吸引。我在博士论文中全力吸收了发展经济学的营养，也暗暗确定了今后的研究方向。因此博士毕业后，我就征得谷老师的同意，在他和杨先生以及林博士的推荐下，在福特基金的支持下，申请到美国耶鲁大学做访问学者和博士后研究。在那里的两年多时间里，我无心浏览新英格兰地区的旖旎风光，几乎全部时间都泡在其博大的图书馆里面了，还不时利用他们邮寄的方便，从别的联网图书馆寻找约定的书籍。可以说两年多的时间里面，我把与我论文相关的主要书籍和文章，尽管非海量，也无须云计算，但还是量很大，都努力浏览过一遍。结果使我研究的自信心大增，文献中没有与我类似的观点的记录，那就确定了我关于"公有经济倒U理论"的创新性，或正如我的博士后合作导师拉尼斯教授所首称的"陈氏倒U"，也诚如谷书堂教授所说是"填补了经济学在这一研究领域的空白"。从那时起，收入分配问题就成为我的长期研究方向，也是我研究成果最多的领域，我的一些观点在学界和实际部门，都还是产生了较大的正能量和正影响的。

我曾当面同谷书堂教授谈过我个人的体会，即博士学习是人生的一个重要台阶，在人生的诸多台阶中具有特别重大的意义。大略地说，一是可掌握观察、研究从而解决问题的系统的成熟方法，这不同于以前阶段的知识量积累；二是在中国当下的社会氛围中，在某些时候的某个地方，"博士帽"可能为一些人的社会进阶奠定一个好的基础；当然其中也会为一些投机分子提供了"及时""有用"的条件，由此我们不难理解为什么前些年一些本无心长知识的人，也拼命要挂个某某学位头衔。当然，得博士学位者绝大多数都是好人。好人都应当知道感恩老师，明白老师为我们在人生阶梯上提供的帮助的意义和分量。我想我的同学们都会有类似的体会，都会为有幸得到谷书堂教授的教育而感谢他。

的确，我们作为他不同时期的学生，有这样一位经济学泰斗级的老师，总是感到很幸运。我们每个人谈起曾经作为进入谷书堂教授师门的学生，都是一脸的自豪，一生的骄傲。

2016年4月

恩师如父

宋光茂[1]

　　恩师谷书堂教授永远地走了，我与此前不久老父亲故去时一样悲痛。那天晚上匆匆赶回南开大学经济学院时，灵堂已经撤了，鲜花也搬散乱了，已没有工作人员值守，仅剩下那幅遗照冷冷地挂在深蓝色的幕布上，我恭敬地注视着遗像，深深地三鞠躬，热泪似从心中涌出，来到谷老师"膝"下受教育的往事也过电影般在脑海中回放，那天晚上在南开校园里漫步了很久很久。

　　我于1985年成为谷老师的硕士研究生纯属幸运。那年是谷老师最后一次招硕士生，我赶上了"末班车"；报考前我所在的山东经济学院复校时间不长，师资奇缺，不准我报考导师制的三年研究生，只能报考研究生班，学习两年后回原单位，工作中完成硕士论文，是谷老师把我从研究生班的报考者中选拔到他的名下，改变了我的人生轨迹，这就如同给小鸟剪断了拴在腿上的线绳，从此小鸟可以自由飞翔了。

　　录取之前，我从济南北上天津，来到了南开大学，鼓足勇气给谷老师办公室打了电话，谷老师约我当天上午十一点半以后在新开湖南侧花园里的小路上见面。我整个上午都心绪不宁，紧张得平静不下来，不知道见到仰慕已久的教授是怎样的情况，忐忑着这个见面是拜师还是"拜拜"。终于挨到了那个时点，我提前在那条小路上等着。那是从经济学院平房院出来向北村方向走的小

---

　　① 作者为经济学博士，现任人民日报驻山东记者站站长。

路，那个时间小路上没有什么行人。看到身躯高大的谷老师从经济学院那边走来，我迎上几步，相互都认定了对方，既没有握手，也没有寒暄，这是我和谷老师的第一次见面。我们边走边说话，谷老师言语平和，像随便聊天一般，我也没有刚才那么紧张了。他问了我一些基本情况，写过一些什么文章，《资本论》怎么学的。我还汇报了当时报名填表只能填报研究生班的情况。到了北村谷老师住的楼下，谷老师就让我回去了，也没有表示出录取还是不录取的意思。回到济南没几天，一同考南开研究生的同学接到了复试通知，我却没有接到，心里七上八下，直到收到录取通知书才明白过来，花园小路上的边走边聊，不就是谷老师的复试吗？

我读研究生期间，谷老师担任经济学院院长，除科研工作外，行政事务繁忙，我不敢到办公室找他。我知道了谷老师每天从经济学院下班回家的路线和大体时间，就多次到那条小路上等他，其中有两篇论文就是在那条小路上送给他，请他修改后推荐给《南开经济研究》发表的。

谷老师带研究生，很重视让学生做调查研究。在谷老师名下的第一个暑假，谷老师让我跟他到烟台搞课题调研，住在离烟台第一海水浴场最近的虹口宾馆，这还是我第一次见到大海。每天工作时间，谷老师安排我到烟台计委、建委等部门和企业调研，中午游泳。第一次下海，谷老师问我会不会游，我说不咋会，只是少年时期在老家的河沟里"狗刨"过。他简要地给我讲了自由泳的手脚动作，让我在边上玩玩。但我不甘心，要跟着他游游试试，没想到照着谷老师讲的动作要领，游游也就会了。这样，每天都是他游在外侧，我游在靠近海岸的里侧，游得轻松踏实，每天都能游上千米。在烟台的那些日子，是一生中最难忘的时光。谷老师带我先行到达烟台三二天后，滕维藻校长和伏义琴老师也从天津乘船到达，我到码头接站。此后几天谷老师携伏老师回威海调研，我每天中午陪滕先生游泳。谷老师、伏老师从威海回到烟台后，又带我参观谷老师的母校烟台二中等地，我了解到了很多谷老师年轻时的求学经历。半个多月的时间很快过去了，在快要离开烟台的几天里，谷老师多次问及我调研的资料和体会，但我的心思都在游玩上了，终究也没写出任何成果。

恐怕很多学生在敬慕的老师面前都有拘束感，我的性格也是这种类型的。但自从在烟台的这段经历后，我在谷老师面前就大方多了，感到谷老师更可敬可亲了，到谷老师家里请教的机会也更多了。1987年初，我和谷老师合作写了一篇关于价格体系改革的论文，拟在《社会科学战线》杂志发表，编辑部来函要谷老师的照片和文章登在当年第二期杂志的封二上，谷老师就把我喊到家里，以他书房里整排的书柜为背景，让伏老师给我们拍了合影。这期杂志我一直珍藏着，常常拿出来端详这张珍贵的合影，回忆往事，感受"逝者如斯夫"的惆怅。

临近毕业，谷老师多次问及我的去向，直到我确定了以后，才放下心来。那天中午，我把刚打印出来的硕士论文给谷老师送去，正好在马蹄湖畔相遇，他又核实我的去向，并对我说，你们三个，你去北京发展，周立群留校，黄志亮回重庆。那言语中透着不舍之情，我们三人是谷老师带的最后一级硕士研究生呵。我感受到，谷老师当时也有某种伤感。

离开南开后，见到谷老师的机会就很少了，过年过节多次想去探望，终未能成行，只是偶有书信来往，自己多次自责是不孝之生，如同不孝之子。记得有一届孙冶方经济科学奖评选结果公布后，我在任《经济研究》编辑部主任，就给谷老师写信，请他就本届获奖论文写一篇大评论，不限篇幅，在《经济研究》上发。谷老师回信说，他只能就其中某一篇写评论，写一篇综合性的评论他没资格。谷老师是中国经济学界的旗帜之一，他没资格又请谁写呢，总不能把几大旗帜都请到一起联合写吧。从中我进一步体会到了谷老师的谦虚和低调，让我再受教育。

　　随着谷老师年事已高，他越来越多地想念他的学生们，见到弟子们就高兴，长时间没见过的，就让伏老师打电话联系一下，我后来也多次接到伏老师打来的这种电话，有时候谷老师也说两句，有时候也不说，只在旁边听着。每次，我真切地感受到谷老师老了，不免有些伤感。2007 年我终于有机会在济南接待了谷老师、伏老师，和他们在一起的两三天里，我真切地感受到了那种淳厚的师生情如同父子情。我期盼着再有类似的机会，但我再也盼不到了。

　　恩师如父，恩师堪如父！

2016 年 3 月

怀念恩师谷书堂教授

周冰[1]

谷书堂教授是我的恩师。我于1983年考入南开大学经济研究所，师从谷书堂教授，攻读政治经济学专业的研究生，1986年硕士毕业后留校在经研所任教，同时又考取了谷老师的博士研究生继续在职攻读，一直到调动工作去浙江财经大学，于2008年离开南开大学，追随在谷老师身边学习、工作、生活了整整25年。谷书堂教授既是我的导师，又是我的领导；南开经研所是我一生中待得最久、最重要的一个平台，我的师友、同学和学生中联系最密切的，多数是南开经研所和经济学院这个圈子里的，或在这个圈子时形成的关系。一点也不夸张地说，是谷老师和南开大学重新塑造了我的人格、眼界、思想和学术追求，成就了作为一个经济学研究者的我。2016年先生九十高龄驾鹤西行，回想起和谷老师在一起的时光，从一次次学术思想的讨论切磋，一次次对论文著作的推敲斟酌，一次次出差时的相随相伴，一次次像家人一样关照笑谈，太多的印象，太多的感触，就像无数条小溪流一齐冲进了奔涌的脑海，很久不能平息。对谷老师的怀念今后肯定将会伴随我的终生，这里仅就谷老师是如何把我领进了经济学殿堂的大门做个简要回顾。

---

[1] 作者现为浙江财经大学经贸学院教授，原在南开经济研究所工作多年。

一、谷老师让我进了南开的门

我是 1977 年恢复高考后考入兰州大学经济系开始学习经济学的，但是直到进入南开经济研究所我才真正入了经济学的门，是谷老师给了我这个入门的机会。

尽管当时兰大经济系对待教学的态度是很认真的，教师们的工作也都很努力，但是由于教育观念保守和信息比较封闭，课程设置和教学内容陈旧。我们所学分量最重的课程是《资本论》，教学水平最高的也是几位教《资本论》和马列原著的老师，其他课程大多都不敢恭维。特别是四年里的课堂教学与现实的社会经济生活基本不搭界。虽然毕业后在甘肃省社科院工作的一年多里，我也做过一些社会调查，发表过几篇文章，但在校所学的知识似乎派不上用场。那时的《经济研究》，排在最前面的几篇往往是反映中国宏观经济的文章，但我基本上都看不懂，能看懂也有兴趣的主要是一些排在后面的与学说史和《资本论》有关的文章。对于经济学来说，我其实还是一个门外汉。

1983 年我报考了南开经研所谷书堂教授的研究生。南开大学在西北地区的影响并不大，我对她的了解仅限于周恩来总理曾在这里学习过和她那时是经济学科最强的三所高校之一。之所以报考南开，想法很简单，就是要上一所经济学最好的学校。记得多年以后，我自己已经开始指导研究生时曾对一位想要报考研究生的学生说过：你考上了南开经研所，就是登上了一部直通中国经济学和中国经济核心领域的天梯。

最初接触南开，就非常强烈地感受到了"文化大革命"结束不久百废待兴的无序状态和大干四化的激情交织的气氛。已经临近考试时间了，但是我还没有接到准考证。甘肃社科院的一位同事报考南开大学历史系，接到的则是没有盖章的准考证。我到区招办去查问，答复是，南开大学说我们的报名材料寄晚了，但我们有邮戳为凭。我们和他们交涉，得到的是：你不用担心！但是我还是有些担心，就很冒昧地给素昧平生的谷书堂教授写了一封长信，表达了我对经济学的热爱，希望自己将来能对中国经济学的发展有所贡献的强烈愿望和报考研究生中出现的问题，希望谷老师能过问一下，帮助我能顺利参加考试。入校以后谷老师从没有提及过此事，我当时也没敢问，以后一忙也就把这事给忘了。到底谷老师是否收到了我的信，对此有何看法，就不得而知了。

复试的经历印象深刻。在八里台汽车站下车，过街就到了南开大学的东校门外。校门与街道之间隔着并不宽的卫津河。卫津河桥不太宽，略拱起，桥面高于校门口的路面，桥上两边摆满了修鞋和做其他买卖的小摊，俨然一个杂货市场。校门两边的大树严严实实地遮挡住门柱上的学校牌子。我站在桥这头，一点也没有看出这就是著名的南开大学的正校门（当时还没有开南大门），于是向人打听，南开大学该怎么走。

到经研所看复试安排时，在主楼六楼见到了主管研究生工作的龙敬昭老师。我怯生生地试着向她了解自己的初试成绩，没想到她不仅直截了当地告诉了我，而且还告诉我，报考政治经济学专业的考生中过了复试分数线的只有我和齐亦农两个人。参加复试的共四个人，另外两个是从报数量经济的人中调剂过来的。齐亦农是南开经济系应届毕业，经济学说史考了 66 分，而我才 58 分。当我得知她是个女生，才 22 岁时，感到很惊讶。然而，更让我惊讶的是龙老师却说，这不奇怪，是给她们带过课的老师出的题，题目也是她们上课考过的。本校学生有有利条件，所以我们经研所认为，他们至少要比外地学生平均高出 5 分，水平才是相同的。这种开放、透明和开明的作风，是我在西北连想都不敢想的事情。

　　面试的时间是周六（那时没有双休日），周日我分别去了谷先生和陈炳富先生家里拜访。当时在甘肃，一般不会因为工作在晚上和周末及节假日到别人家里去打搅的。我意外地发现，两位老教授在家里都在继续工作！在甘肃，每到星期天和节假日，单位食堂就只开两顿饭，上午九点，下午四点，已是长期的习惯。但在南开和京津地区其他学校都是与上班时间一样,照常开三顿饭。这还真有点不习惯，那天我就差点误了中午饭。这里的时间与西北完全不是同一个概念！

　　复试结束，在办公室里看到一张全所教师的名单，上面有住址和电话。那时候出版的著作和刊物发表的论文，除了作者的姓名外并不提供其他信息，所以有许多学者，我虽然读过他们的论著，却不知道他们在哪个单位，人在何处。这时看到其中很多人都是南开经研所的老师，就像发现了新大陆一样，兴奋地赶紧抄写。办公室的小陈问我干什么？我说把地址抄下来好去拜访这些教授。他说，我给你复印一张！

　　文明对人的吸引力是无法抗拒的。面试时谷老师最后问了我对毕业后工作的想法，愿不愿意留校工作，虽然我当时并没有做出肯定的答复，但是内心已经喜欢上了南开经研所，不想再回甘肃了。那时候，家属调动是一件十分困难的事情，直到我研究生毕业的 1986 年国务院才做出了解决中级职称以上专业技术人员夫妻两地分居的规定。记得一次假期回家在火车上，有人问我，你们研究生毕业怎么分配。我回答："按妻分配"，意即从哪里来还得回哪里去。在决定我们录取时正是 80 级的研究生面临毕业分配。他们那届毕业了十个人，主要因为考虑家属调动问题，结果只有两人留校，一个在经济系，一个在马列教研室，经研所一个都没留下。这让经研所相当恼火。面对师资队伍青黄不接的状况，经研所非常希望培养的研究生首先能补充本所的师资队伍。事后已留校的一位同学告诉我，在经研所讨论研究生录取的会议上，有人提议设立一个规则，凡是不能留校的就不录取。我们那一届在复试时的报名材料上填写已婚的考生只有两个人，一个家在天津，对将来留校并不构成障碍，另一个就是我。由于我的成绩排在专业第一名，谷老师说，即使将来留不下，为西北培养一个人才也好嘛。这样，我才最终被南开经研所录取。因为谷老师给了我这个机会，所以我至今都对谷老师心存感激。

二、开阔了眼界，开阔了胸襟

在南开经研所学习，首先就会被她那开放的气度感染、熏陶。谷书堂教授培养研究生，不仅是揽天下英才而教之，而且是借天下智力来育英才。我读硕士的时候，正是南开大学经济学院从筹备到正式成立的过程中，谷书堂教授是首任院长。南开的经济学从过去的一系（经济系）一所（经济研究所）发展成了六系两所，许多经研所的老师已经转到了新成立的金融系、国经系、管理系、会计系、旅游系和人口所。当时我们的"社会主义经济理论专题"课授课的老师除了导师组的成员外，还包括了全院十多位在各自领域有研究专长和影响的老师。"中国经济问题专题"课是开放的讲座，都是从北京国家各部委请的一些专家，如国家计委的房维中、国家科委的邓裕民、当时还在财政部工作的戴园晨等人，来校讲相关领域的经济问题和政策。"微观经济学"是宾州大学胡德伟教授讲的，用曼斯菲尔德的英文原版教材，他的板书用英文，开始时讲课用汉语，但时间一长慢慢也就变成英语了。正是这些高水平的课程和讲座在很短的时间里就使我的眼界得到了极大开阔。

很多给我们授课的教授，都是国内的一时之选。例如，我们的《资本论》课是请中国人民大学的老师来上的，由吴树青、于学儒和孟庠三位教授分别讲授《资本论》的第一、二、三卷。本来南开经济系的《资本论》研究功力深厚，但是因为上两届的同学对这门课有意见，说他们在本科时就由同一些老师上过课，有重复之感，因此在我们这一届就做了改革，请了人大的老师。给我们讲"比较经济学"的钱荣堃教授是国内倡导和传播比较经济学的第一人。当第二年谷老师得知赵人伟、荣敬本和吴敬琏三位教授联袂在中国社科院研究生院开设比较经济学课时，又请他们来南开经济系给84级的同学开这门课。戴园晨教授首创的"中国宏观经济专题"课，则每周在中国社科院研究生院和南开经研所同步授课。我在读博士期间，厦门大学钱伯海教授来南开为我们集中讲授了他的"国民经济学"。

经研所是一个非常开放的学术机构，来南开访问交流的国外学者很多，其中大多数是美国和日本的学者，许多来访学者都到经研所与教师和研究生座谈，各种专题演讲和报告会就更多了。所内研究生还在熊性美教授的倡导和支持下办起了读书会，介绍和讨论一些新书，如奥塔·锡克的《第三条道路》，舒马赫的《小的是美好的》，罗马俱乐部的《增长的极限》等等。这种开放的学术环境为我们创造了自主学习的氛围和条件，极大地激励了研究生学习的主动性和自觉性。

谷老师努力创造着开放办学的条件和氛围。1985年11月在南开召开"全国高校社会主义经济理论与实践研讨会"筹备会议期间，他利用这个机会邀请复旦大学、武汉大学、吉林大学、厦门大学的代表与南开大学一起签署了五大学校经济学院合作协议，议订了各校之间互派专家讲学、互换老师和学生等条款。但遗憾的是，因为粮票、奖金发放等一些生活待遇方面的政策和操作上的限制无法突破，这个协议未能落实。经研所还提供一些经费支持，让研究生自己与北京一流培养机构的研究生联系进行交流。我当时就受所里委托领着我们班的30位同学去北京和中国社科院研究生院、中国人民大学研究生院、北京大学经济系、中央党校的研究生进行了座谈交流。

比开放的环境更重要的是心态的开放。谷老师给我们讲课并不多，其中一次他讲社会主义商品经济。他认为社会主义存在商品经济的原因是劳动仍然是谋生的手段，我对他的观点提出不同看法。由于时间久远，已经记不得我当时是如何说的了，但还记得谷老师说，你讲的虽然有道理，但是怎么和马克思所讲的共产主义商品消亡相衔接呢？我回答说，马克思的共产主义只是对未来社会的一种设想，并不是现实存在，怎么能作为分析和论证问题的前提呢？这话在当时可是犯了大忌的。但是谷老师不仅不以为忤，反而鼓励了我。《经济研究》邀请谷老师写一篇关于价值规律研究的文章，我参加了初稿写作，杨玉川老师主要根据谷老师一贯的观点对初稿做了修改，我对一处修改有不同的意见，在向谷老师反复阐述之后虽然没有说服他，但他还是让我根据自己的意见在稿纸的空边上另外起草了一段话，并且在最终定稿时采纳了我的说法。谷老师这种不以己唯是，不以异为非，不以权威为标准的完全开放的心态深刻地影响了我一生的治学态度。

三、注重经济实践胜于理论逻辑

谷老师非常强调理论联系实际。诚然，理论联系实际并不是谷老师的专长，而是中国共产党自延安整风以来一贯倡导的思想方法和工作方法，但是对于在大学里从事基础理论教学和研究的学者来说，怎样做到理论联系实际其实是很复杂的事情，而在这方面谷老师有自己的特点和经验。谷老师非常注重对中国经济现实的了解，这突出地表现在他对调查研究的重视上。1979年国家刚开始对国有企业实行扩大自主权的改革试点，他就与常修泽老师合作对天津的试点企业进行了调查，发表了研究成果。我在研究生面试时，他问的其中一个问题就是，你做过什么经济调查？我参加过兰州大学经济系与国家科委在宁夏盐池联合进行的半荒漠沙化地区经济调查，在甘肃社科院工作时参加了第三次全国人口普查和甘肃省委组织部委托的经济犯罪调查等。他非常满意。在攻读硕士期间，谷老师给我们安排了一个学期做经济调查。我们在天津针织厂、威海市及其下属羊亭镇的乡镇企业进行了调查，下到一地一待就是一个多月。通过调查，使我认识到国有企业管理者的行为方式和政府官员实际别无二致，了解了不同层级地方政府之间的利益矛盾和行为特征，对乡镇企业创业的艰难和奋斗精神，都有了深刻的印象。谷老师秉着经济学经世致用的理念，把理论对现实的解释力看得比理论自身的逻辑更加重要。随着中国经济体制在改革开放过程中迅速而巨大的变化，他的观点也会随着经济形势的变化而发展改变，他并不去刻意追求和努力保持观点的前后一致性，因此能够与时俱进。这种注重经济实践胜于理论逻辑的做法，与科斯倡导研究"真实世界的经济学"，反对黑板经济学的主张异曲同工。

就研究能力的培养来说，谷老师主张学生要在科研实践中学习如何做研究。有的教授主张研究生培养应当厚积薄发，不赞成在校研究生发表论文。他对此没有多作评论，但是他积极支持学生参加各种学术活动，安排学生参与一些重要的研究工作，鼓励学生早出成果，在科研实践中培养和提高研究能力。在校期间，我有机会参与了一些全国性和高水平的学术活动，例如第二届全国中青年经济理论工作者研讨会及其筹备工作，《中青年经济论坛》的编辑工作，以及于光远《社会主义经济建设常识读本》研讨会等。这些都使自己的学术交往范围大大扩展，能力得到了迅速提升。1985年初冬，在南开召开的全国高校社经理论与实践研讨会的筹备会是一个小型的工作会议，会议代表几乎全都是政治经济学界名重一时的泰斗级人物。谷老师指派我在会上做服务工作。我作为会场内的唯一一名工作人员全程参加了所有的会议，包括会中会的五大学校经济学院合作协议会。与这众多权威学者的亲密接触，使我终身受益。正是跟着谷老师，我还在读书期间就在《经济研究》《经济学动态》《中青年经济论坛》《南开经济研究》等刊物上发表了论文，硕士学位论文经修改后发表在了《经济学家》上。

四、跟随谷老师编写"北方本"

"北方本"是谷老师最重要的学术成果之一，我有幸参与"北方本"的编写，学到了很多东西，也是我学术生涯中的一段重要经历。

所谓"北方本"，是由谷书堂和宋则行两位教授主编、北方十四所（最初是十三所）高校编写、陕西人民出版社出版的一本《政治经济学（社会主义部分）》教材。因为参与编写的都是北方的学校，就被习惯性地称为"北方本"。"北方本"自1979年12月第一版出版以后，大约每过三年左右重新修订一次，先后于 1982年、1985年、1988年、1992年、1995年、1998年和2002年经过七次修订，至2003年1月出版了第八版，累计发行超过一百万册，是我国同类教材中修定版数较多、持续使用时间最长而且影响很大的一部教材，获得了很多荣誉。"北方本"在社会主义政治经济学理论体系的发展和创新方面具有突出的特色，并且走在了时代的前列，在很长一段时间里都起着引领潮流的作用，可以说，是社会主义政治经济学教科书中的一只领头雁。

我是1988年"北方本"第三次修订时在谷老师的安排下加入了修订团队，一直到2003年出版第八版，历时15年。最初我只承担其中一章初稿的写作,在主编和副主编的指导下进行了修改,从那时起就一直协助谷老师负责"北方本"相关的学术事务工作;1992 年、1995 年和 1998 年的三次修订,谷老师让我负责第二篇初稿的初审和修改;2001 年启动第七次修订时,我承担了第八版修订大纲的初稿设计。

在这个过程中最主要的收获是学会了从学科的角度看待理论发展。这包括两个方面:首先是要从理论与现实经济的关系来看理论发展。因为每次教材修订,往往是在中共的一次代表大会或者关于体制改革方面的某个重要决定之后,这就必须考虑教材编写与中共文件精神以及新的具体提法之间的关系,这实际是一个如何处理教材内容的科学性与官方意识形态正统性之间的矛盾的策略问题。改革开放以来,中国经济体制变化和社会经济形势发展都非常迅速,两三年就会有许多新的经济现象、新的理论观点、新研究成果,包括"北方本"作者自己的研究成果涌现。在新修订的教材中,对此是否要进行吸纳以及吸纳到什么程度,都是需要权衡斟酌的问题。"北方本"的做法往往是领先半步。例如 1988 年修订出版的第四版,就把之前谷老师关于按劳分配与按生产要素贡献分配结合的研究成果写了进去,尽管在反自由化中曾受到了某些人的批判,但最终还是得到了主流观念的认可。其次是要从体系结构的角度考虑理论内容的安排。理论体系和结构方面的调整,特别是教科书所要求的由浅入深、循序渐进,总会给理论内容的安排带来新的问题和挑战。如何才能在体系结构的变动中保证理论逻辑的一致性,考验着编写者的功力。

正是追随着谷老师和宋先生等老一辈经济学家,在一次又一次对教材修订大纲的讨论过程中,使我具有了从学科角度看待理论发展的宏观视野和一定的前瞻性、预见性。1992 年我在《经济研究》上发表的论文《论"经济盲目性"问题》,就是在(1988年)承担"北方本""社会主义经济中的市场"一章的初稿写作时产生的问题。1996 年经济学界围绕着"中国经济学向何处去"展开了持续一年多的大讨论。1995 年 8 月在哈尔滨对"北方本"进行第五次修订时，我就预感到了这场争论将会爆发，并向两位主编谈了自己的看法，9 月开学后我给研究生分析了理论经济学所面临形势和矛盾。结果当年 12 月，陈岱孙在《求是》杂志发表的文章被《光明日报》转载，就成了引爆这场理论争论的导火索。

在中国，"北方本"作为一本政治经济学教材能够反复修订再版，罕见地延续了 24 年之久，必然有多方面的原因。其中，南开大学与辽宁大学以及陕西人民出版社之间的良好合作关系，有一个稳定的核心作者团队的支撑，则是最重要的原因。1979 年第一版出版时署名还是单位，自 1982 年第二版开始主编、副主编署个人的名字，从 1985 年第三版成立修订组，形成了一个相对稳定的核心作者团队。虽然这个团队的成员也经过了几次调整，但是谷老师对于修订组成员的调整，非常慎重并且比较缓慢。事实上，每一次修订，参加讨论的学校和撰写初稿的作者都有不同程度的增减和变动，然而修订组成员则要稳定得多，因此具有较好的延续性。从 1988 年的第四版起，南开大学与辽宁大学对初稿撰写和审阅统稿等工作进行了切块分工，凡是由辽宁大学负责的部分，谷老师都是尊重宋先生的意见，按照宋先生的意见办。随着时间的推移，因年事增高和其他工作安排等方面的原因，这个核心作者团队的成员并不是全都参加了每一次修订的所有工作，但是谷老师在每一版的署名中都保留了他们的名分。这反映了谷老师的一个特点，即把人看得比事重。从短期来看，这似乎不太公平，因为对每个人的报偿与其贡献并不完全一致，然而正是谷老师的这种做法，保证了核心作者团队长期稳定的合作关系。这恐怕就是"北方本"所体现出的一种中国特色吧。概括谷老师的这一行为特点，就是"人在事先"，或者说"人先事后"。我认为这应当成为管理学的一个重要原则，即在任何时候都应当把人看得比事情更重要，只要处理好人的关系和人的问题，再困难和复杂的事情也就好办了。这是我在跟随了谷老师很多年之后才慢慢体会出来的。

2017 年 3 月

恩师的一个选择，影响了我的一生

——悼念恩师著名经济学家谷书堂教授

张明玉[①]

我国著名经济学家谷书堂教授离开我们已经几个月了，谷教授是我在南开大学经济研究所做博士后期间的合作导师，恩师虽然离开了我们，但他的音容笑貌以及对弟子人生的影响犹存。21年前，导师不拘一格独到的选才视角，彻底改变了我的命运，使我从一个从本科至博士均为工科专业的学生，走上了一条自己所热爱的经济管理研究的道路。

在谷书堂教授的所有学生当中，我可能是比较特殊的一位。我的本科、硕士、博士都是纯工科的电机专业，与经济管理学科没有任何联系。与谷先生的认识纯属偶然。当时，我博士毕业后在青岛大学自动化系工作，我爱人也在青岛大学工作，同时在职攻读南开大学经济研究所的经济学硕士学位。当时，我爱人的很多硕士课程都是在青岛完成的。因此，我也有幸结识了南开大学经济研究所的很多老师，包括逄锦聚教授、陈宗胜教授、周立群教授、曹振良教授、柳欣教授等，在与他们的交往中，我也逐渐对经济学产生了浓厚的兴趣，特别是曹振良教授，他为我明确了方向：让我拜谷书堂教授、逄锦聚教授为师，到南开大学经济研究所从事博士后研究工作。虽然方向明确了，但是难度很大。因

---

① 作者为北京交通大学经济管理学院教授。

为我虽然是博士毕业，但是经济学的研究成果几乎是空白，而且经济学的研究基础也仅为自学与旁听，在这种情况下到经济学流动站做博士后几乎是难以想象的，尽管很难，我还是下决心尽最大努力试一下。因此，通过逄锦聚教授的引荐见到了谷书堂教授，并说明了自己的强烈愿望。第一次拜见谷先生，他给我最深的印象就是一位宽厚的长者。我说明了自己的想法——希望能够以自己较好的数学基础以及数年从事工科国家及省部级课题的研究能力，来进行经济学的研究。

没有想到的是，谷书堂教授欣然同意，他说我可以作为一块试验田，检验一下跨学科研究的效果。后来，谷教授对于我这块试验田的实验倾注了大量心血。申请博士后科学研究基金，由于我几乎没有经济学研究成果，谷教授就亲自找专家给我写推荐信。至今，我都记得谷教授帮我联系过中央财经大学的刘光第教授、中国人民大学的周升业教授、中国社科院的戴园晨教授、晓亮教授等等。在进行博士后研究工作的过程中，我对经济学的兴趣已经接近痴迷的程度。

至今我都记得，在1996—1997年，全民炒股的年代，我一个人躲在南开大学陈省身数学图书馆，完成了我另一位合作导师逄锦聚教授的科研课题——"对外开放、通货膨胀与国民经济可持续发展研究"。这是一个教育部的人文社科项目，主要任务就是采用数学模型研究对外开放、通货膨胀与经济增长之间的相关关系。由于改革开放到当时的时间不到20年，这是一个典型的小样本问题，现成的数学方法不能很好解决问题。因此，我专门开发了专门适用于小样本因果关系的检测模型。当时研究课题所用的最重要的参考文献的作者，包括格兰杰（Granger）、萨金特（Sargent）、西姆斯（Sims）等著名计量经济学家，也是后来的诺贝尔经济学奖获得者，当时的研究成果得到著名经济学家刘伟教授、洪银兴教授、谷书堂教授、马建堂教授等的高度评价。

　　现在回想起来，我始终认为那时的研究成果是我一生的最高阶段。可惜，从南开大学到北京交通大学经管学院工作后，重点从事了农产品物流战略研究，又加上后期担任了经济管理学院副院长、党委书记的工作，没有再继续这一方面的研究工作，这是一件很遗憾的事情。但是，谷书堂教授把我从一个经济学门外汉，经过不长的时间，引领到了经济学研究的高层平台上，让我树立了自信心，并使我终身受益。当我 1997 年从南开大学到北京交通大学经济管理学院工作的时候，让我从事企业管理方面的教学科研工作，我非常爽快地答应了。因为我虽然没有系统学过企业管理，但是从纯工科跨越到经济学科的研究经历，已经使我不再有跨学科研究的恐惧，而是充满了必胜的信心。

　　谷教授对待学生的关怀从未间断。他曾亲自给我打电话，推荐南开大学经济学院的博士生到我所在的学院工作。因为他深知工作平台的选择可能会影响学生一生的命运，也可能会决定学生一个家庭的命运。就像谷老师的破格选才决定了我一生的命运一样。我也受到谷老师的影响，尽最大努力帮助学生，虽说有的能够成功，有的未能成功，但我都会尽到自己最大的努力。

　　谷老师健在时，我时常去南开大学探望他老人家。几乎每一次去他家里，都有学生在他那里，他总是在耐心地与学生探讨各种问题，包括现实的经济社会问题，更包括学生发展过程中遇到的一些棘手问题，谷老师总是循循善诱，他提出自己的看法，往往能够使学生拨云见日、豁然开朗。受谷老师的影响，平时我无论多忙，我都会在学生遇到困难时给予心理的指导和关心。我亲自指导毕业的博士生已有 40 多人，硕士生已有 100 多人，大部分学生虽然已毕业多年，但依然联系并互通信息，这与谷老师的行为示范不无关系。

　　如果让我用几个字去总结谷老师，我觉得应该是：宽厚、睿智、果敢、坚毅。谷老师的宽厚，让我们这些学生一直把谷老师

当作我们的父执长者；谷老师的睿智，让他的研究成果对中国的
改革开放政策产生重要影响；谷老师的果敢，让他的研究内容迅
速抓住社会的主要矛盾并进行革命性的创新；谷老师的坚毅，让
他在受到不公待遇的时候，坚持真理、充满必胜信念。

作为学生，我也年过半百，在自己所从事的研究领域也稍有
成就。当选为"万人计划"领军人才、国务院学科评议组成员；
但是，与导师谷书堂教授、逄锦聚教授这些老一辈导师比起来，
总有一种高山仰止的感觉，让学生不能停止前进的脚步，因为他
们就是我前进的方向和不竭动力。

2016 年 7 月 10 日

不唯书，只唯实

——怀念谷书堂教授的教诲

宁咏[①]

南开大学教授、著名经济学家谷书堂先生于 2016 年 3 月 27 日故去。谷书堂是社会主义政治经济学泰斗和杰出开拓者之一，他在商品经济和价值理论、社会主义市场经济、按要素贡献分配、社会主义政治经济学理论体系等众多理论方面均有重大建树和创新性贡献。作为谷书堂教授的博士生，我在很多方面都受到他的教诲，受益终生。这里仅选择一个侧面，缅怀敬爱的老师。

大概是读博士的第二年（1996 年），我和同宿舍的赵农（也是谷老师的学生）聊天，谈到当时有些人提出要建立中国经济学，我们觉得有必要将这个问题梳理一下，进一步研究，而要梳理这个问题，必然涉及如何看待马克思主义经济学以及它与其他经济学派的关系问题。这是一个重大的问题，我们拿不准，于是向谷老师汇报和请教。20 年过去了，谷老师当时讲的已经无法完整回忆，但他提出的主要观点仍深深印在我的脑海，永远不会忘记。谷老师说，马克思主义经济学的核心是历史唯物主义，你们要在这个层次和高度理解马克思主义经济学，不要仅局限于具体的概念与范畴，也不要死抱着具体结论与观点不放。他的点拨让我豁然开朗。当然，由于知识水平和阅历的关系，当时我对谷老师提出的马克思经济学的核心是历史唯物主义的观点还不能全面理解，随着交往的增多，自身知识和阅历的增加，对这一问题的认

① 作者宁咏，光大银行同业机构部总经理，谷书堂先生的学生，本文发表于人民政协报 2016 年 4 月 11 日第 10 版。

识才逐步加深。

首先,历史唯物主义的核心是生产力与生产关系的关系问题,建立在历史唯物主义基础上的马克思主义经济学的核心是要研究生产关系怎么与生产力的变化相适应,怎么促进生产力的发展问题。马克思所设想的社会主义是建立在商品经济充分发展和生产力达到一定水平的产物,而现实中的社会主义却是在生产力不尽发达的状况下建立的。生产关系,是要看它能不能促进生产力的发展。谷书堂教授在《社会主义经济学通论》中有这样一段论述,"公有制也好,私有制也好……其中任何一个都不应作为配置所有制结构的先验的原则或标准,从这个意义上说,强调把是否适应生产力的发展作为构筑所有制结构的唯一标准,具有重大的理论和现实意义。"正是这样的高度理解和运用,谷老师的学术观点才从具体理论和教条中跳出来,用生产力的标准来衡量丰富多彩的改革开放的实践。在谷书堂老师的学生撰写的《一个经济学人的足迹》这本书中举过一个例子,突出体现了这一点:20 世纪 80年代中期,谷老师参加过一个关于企业股份制改革的研讨会,与会学者中有认同股份制的也有否定股份制的。谷老师认为,作为唯物主义者应敢于面对现实,按照实践是检验真理的唯一标准去判别和选择。按照生产力的标准,谷老师得出了要支持股份制改革的结论:"事实证明,股份制企业是有利于推进生产力向前发展的经济形式,从而也必然有利于这种理想的社会主义的实现(如果这个理想完全是科学的话)。从这个意义上讲,股份制企业不仅仅是合法的而且也是合情合理的,这就说明它是符合马克思主义基本原理的,也是符合社会主义发展方向的。可见,把马克思主义的一元论唯物史观的观点与现实的实践结合起来,就很容易做出这个结论来。"(《一个经济学人的足迹》,天津人民出版社 1998年版)

其次,马克思主义经济学作为经济学的一个组成部分,应以科学的方法进行研究，不断创新，不断接受实践的检验。在谷老师的指导下，我和赵农执笔，以谷书堂、赵农、宁咏的名义发表在《经济研究》上的文章《作为科学的经济学及其在中国的应用与发展》详细阐述了如上观点。文章中写道："作为科学的马克思经典经济理论的部分结论……一方面由于它显示出了马克思经典理论的科学性，另一方面又为发展马克思主义经济学提供了历史的机遇。科学的衰落在于其发展的停滞。马克思主义经济学要不断发展，这无疑是一个漫长而艰苦的过程。因而马克思主义经济学家需要做的是，要系统地梳理和检验经典理论中的结论与命题，相应提出新的假说并对它予以检验基础上的科学批判，唯此才能真正不断地发展。"

　　谷老师反对僵化的理论倾向。他自己曾经讲过这样一个故事：早在20世纪50年代，谷老师就和魏埙教授一起提出了两重含义的社会必要劳动时间共同决定价值的观点。70年代末、80年代初，他又和杨玉川教授合作重新提出这一观点，在学术界引起较大反响。但在这之后，谷老师就再也没有写过这方面的文章。谷老师解释道，两重含义的社会必要劳动时间的提出是旨在说明在公有制条件下价值规律也要发挥作用，当时只能在马克思自己的理论中找依据，于是就找到了"两重含义的社会必要劳动时间"。随着改革的发展和实践的不断丰富，谷老师认识到更应该基于改革开放的实践提出新概念，建立新理论。谷老师通过对自己提出概念的扬弃与超越，体现了一名马克思主义经济学家将经济学作为科学的努力和探索，也体现了根据历史和现实的变化来丰富和发展经济理论的历史唯物主义精神。

　　最后，经济学家应该在曲曲折折的历史进程中，把握经济的基本矛盾，寻找历史发展的基本规律，看清社会发展的大方向，并且要坚守信念与良知，不随波逐流。谷老师虽然是"学院派"经济学家，但他的研究从来都是"不唯书、不唯上，只唯实"的。

从学术的角度，谷老师认为，不管在任何社会条件下，人们对物质的需求总是其经济生活的基本需求。必须承认，在实际生活中，老百姓首要的是物质利益。正是因为从学术的角度充分重视这个生活中的基本常识，谷老师才较早地提出要重视价值规律；也正是这种基于对实际生活的观察和思考，谷老师才提出他的有关发展商品经济的观点。

发现正确的观点可能不难，但长期坚持正确的观点很难。近日，当我再次读到谷书堂老师为百岁经济学家杨敬年先生的自述《期颐述怀》写的序言的时候，心中感慨万千。他讲道："在他（杨敬年）一生坎坷曲折的经历中，每当身处逆境，他都能宠辱不惊地以平和心态去面对，他没有消极，更没有悲观，因为在他的内心有一个坚定的信念支撑着他。他热爱生活，他坚持自己的良知，他对自己的历史有一个清晰的判断。"谷老师的这段话是写杨先生的，放在他自己身上也非常恰当。

离开学校已经快 20 年了，很多往事都已经遗忘，但谷书堂老师的教诲和他唯实的学术精神仍使我记忆犹新，它将永远伴随我前行。

2016 年 4 月

此生原不算蹉跎

——追记著名经济学家谷书堂

张雁[①]

2016 年 3 月 27 日傍晚，我国高校政治经济学科领军人物、91 岁的南开大学教授谷书堂，怀着对他献身近 70 年事业的深深眷恋，永远地走了。

"先生走的时候很平静，但他心里一定还揣着很多未尽的思考。"南开大学教授逢锦聚既是谷书堂的学生，又与谷书堂共事多年，深知先生牵挂所在。2016 年 12 月，得知南开大学政治经济学学科的教师们要在一起学习座谈习近平总书记关于发展当代中国马克思主义政治经济学的重要讲话，谷书堂特别请逢锦聚到家里，谈了他对政治经济学的认识。"他的表述使我又一次体会到老师思考问题之深邃。"但让逢锦聚想不到的是，这竟是最后一次当面接受教诲。

2016 年，清华大学教授蔡继明在俄罗斯出访期间，忽然接到谷书堂的电话，谈中国经济理论的发展。身为弟子的蔡继明深知谷书堂的治学热情，但考虑到先生年事已高，还是在一小时后结束了电话，并约改日再谈。"老师的一生都在思考学问，从未停歇。"

让蔡继明感动的不仅是谷书堂勤于治学的一生，还有他对学生、后辈独立思想的尊重。20 世纪 80 年代，在河南大学读书的

① 作者为《光明日报》记者，本文发表于《光明日报》2016 年 3 月 29 日第 6 版。

蔡继明发表了与谷书堂不同观点的文章，不久之后恰逢谷书堂来河南大学公干，令蔡继明想不到的是，谷书堂居然邀请他去南开大学工作。"先生不要求学生必须与他观点一致，为我们营造了一个民主、宽松的学术环境，这是非常难能可贵的。"1988 年，谷书堂与蔡继明共同撰写并发表了《按贡献分配是社会主义初级阶段的分配原则》一文，这是我国学者第一次较为系统地阐述按要素贡献分配理论。

"从 20 世纪 50 年代提出价值决定论，到 80 年代先后提出商品经济理论、按要素贡献分配论，老师总是能够开风气之先！"国家发改委宏观经济研究院教授常修泽跟随谷书堂 40 余年，谈到谷书堂的治学人生，如数家珍。据常修泽考证，谷书堂是我国最早提出社会主义商品经济性质的学者之一。特别是 1990 年，针对理论界出现怀疑甚至否定社会主义商品经济的思潮，谷书堂与常修泽联合撰文《社会主义与商品经济论纲》提出，商品经济是一种资源配置方式，是一个中性的概念，社会主义与商品经济并不矛盾，这与两年后邓小平南方谈话的观点不谋而合。

从 1950 年在南开大学毕业，直到生命的最后一息，谷书堂始终在社会主义经济理论研究领域内执着探索。他的夫人伏义琴在总结其学术生涯时，曾引用袁枚的诗作："七龄上学解吟哦，垂老灯窗墨尚磨，除却神仙与富贵，此生原不算蹉跎。"知夫君者莫如伴侣，"此生原不算蹉跎"，这或许就是谷书堂学术人生的真实写照吧。

2016 年 3 月 28 日

中国特色社会主义政治经济学探索的先行者

——纪念谷书堂教授逝世一周年

逄锦聚[①]

2017 年 3 月 27 日是谷书堂教授离开我们一周年的日子。对谷书堂教授最好的纪念是继承他的未竟事业，弘扬他的治学精神，为中国特色社会主义政治经济学理论体系和话语体系的构建贡献智慧和力量。

今天我们说的中国特色社会主义政治经济学，是在新中国成立后几十年对政治经济学（社会主义部分）探索基础上形成的。谷书堂教授作为长期从事政治经济学研究和教学的著名经济学家，对政治经济学（社会主义部分）进行了毕生的不懈探索，取得了系列重要成果，做出了杰出贡献。

早在 1957 年，谷书堂教授就参加了教育部组织的《政治经济学大纲》的编写；1959 年参加了河北省委宣传部组织的《政治经济学（社会主义部分）》的编写酝酿工作；1975 年到 1977 年在天津市委党校主持"政治经济学研究班"，系统研究政治经济学的理论体系。改革开放开始以后，受教育部委托，谷书堂和辽宁大学宋则行教授一起，在朱光华等教授协助下，组织北方 13 所高校编写《政治经济学（社会主义部分）》，这就是其后被高校广泛使用

---

① 作者为南开大学教授、博导，原南开大学副校长，本文发表于《南开大学报》2017 年 3 月 24 日（第 1331 期）第 3 版。

的"北方本"。

"北方本"是改革开放开始以后我国最早出版的《政治经济学（社会主义部分）》教科书之一。该教科书在继承马克思主义政治经济学基本原理的基础上，突破苏联教科书的羁绊，最大限度地吸取当时理论界的最新研究成果，实现了一系列理论和体系结构的创新：其一，突破了把政治经济学研究对象拘泥为生产关系的观念，把政治经济学（社会主义部分）的研究对象扩展为社会主义生产方式及其与之相适应的生产关系和交换关系；其二，突破了把政治经济学（社会主义部分）研究范围界定为整个"社会主义历史时期"的观念，把政治经济学（社会主义部分）研究范围界定为我国所处的不发达的社会主义阶段；其三，摒弃了社会主义不讲物质利益的传统观念，把物质利益关系作为贯穿全书的主线；其四，突破了苏联教科书抽象讲经济规律的教条，按照生产、流通和再生产的"过程法"构建全书的体系结构；其五，突破计划经济的范式，较早地提出了有计划的商品经济的思想。"北方本"于 1979 年 12 月出版第 1 版，被教育部定为全国文科院校统编教材，到 2003 年共出版了 8 版，发行逾 150 万册，为我国社会主义政治经济学理论体系做出了重要的贡献，曾获国家教委优秀教学成果奖。

在本科教材建设的基础上，从 1986 年开始，谷书堂教授带领他的学术团队开始从事研究生教材的研究和建设，历时 3 年，由他主编的《社会主义经济学通论》于 1989 年出版。《通论》围绕社会主义经济的本质、运行与发展展开论述，在教科书中首次使用社会主义市场经济的范畴，首次对按贡献分配原则进行阐释，建立起了包括经济制度（经济体制）、微观经济运行、宏观经济运行以及经济发展等的全新理论体系。该书被教育部推荐为全国财经类高校研究生使用教材。

此后，谷书堂教授对政治经济学（社会主义部分）的探索进一步深入，多有建树。1990年受教育部委托与吴树青、吴宣恭一起主编了全国高校通用本科教材《政治经济学（社会主义部分）》。1995年出版了融入更多现代经济学知识的《社会主义政治经济学新论》，该书是对《通论》所阐述理论体系的进一步深化。全书分为制度、微观和宏观三篇，从而为中国社会主义政治经济学理论体系提供了一个更新的版本。该书曾获国家级教学成果奖。进入21世纪，谷书堂教授老骥伏枥，探索不止，又提出了建设转型经济学的主张，并取得了若干阶段性的重要成果。

谷书堂教授对政治经济学（社会主义部分）的探索有几个鲜明特点：一是坚持以马克思主义政治经济学基本原理为指导，但不拘泥于个别论断和结论；二是坚持从中国实际出发，注重实践经验的总结，同时注意吸收国外经济学的有益成果；三是思想解放，实事求是，着力创新，很少思想保守。谷书堂教授在对政治经济学探索中形成的这些特点，成为今天我们治学的宝贵财富。

实践和时代的发展无止境，政治经济学的探索也无止境。实践和时代的发展提出了一系列重大课题需要政治经济学去研究，去回答。2014年以来，习近平总书记多次强调要学好用好政治经济学，立足我国国情和我国发展实践，发展当代中国马克思主义政治经济学，坚持中国特色社会主义政治经济学的重大原则。2016年5月17日，习近平总书记又主持召开哲学社会科学工作座谈会并发表重要讲话，强调结合中国特色社会主义伟大实践，加快构建中国特色哲学社会科学。习近平总书记的这些重要讲话，进一步把建设和发展中国特色社会主义政治经济学的重要性提高到了空前的高度，指明了方向，必将推动中国特色社会主义政治经济学的进一步繁荣和发展。

作为从事政治经济学教学和科研的教师，就要按照习近平总书记的要求，弘扬谷书堂教授的治学精神，把发展中国特色社会主义政治经济学的使命担当起来，开拓当代中国马克思主义政治经济学的新境界，为世界的发展贡献智慧，为民族振兴、国家富强、人民幸福贡献力量。

2017 年 3 月

中国特色社会主义政治经济学建设的"南开方案"

李家祥[①]

有幸在谷先生直接教育指导下学习和工作，受益很多。主要有四个方面：一是作为学生听课。如在 20 世纪 80 年代中期的南开大学经济系，从谷先生这里学到了前所未学的知识。第一次听他讲的专题是社会主义政治经济学史，特别是在中国的发展。自己能够较早开展中国社会主义经济思想史研究由此打下了重要根基。二是登门求教做学问，深深引进学术研讨的殿堂。如 20 世纪 80 年代末撰写和统编《社会主义政治经济学奠基史》时到家中听取教诲。三是工作中求得指教。如前些年在天津社科联工作时获得支持与提点。四是间接的但也是重要的指引。如在天津师范大学教学中选用《政治经济学社会主义部分（北方本）》，研究生教学中选用《社会主义经济学通论》。再如在多次学术会议上得到收获。至今回忆这些，深感在个人成长道路上能遇到谷先生这样名师并得到指导真是万分幸运，所以对失去先生仍感遗憾！

今天纪念谷先生，我觉得，最重要的应该体现在学习传承他的理论贡献和学术精神。这可以从两个方面说明。

1. 学习和传承谷先生研究中国特色社会主义经济理论的多方贡献，为新阶段发展中国特色社会主义政治经济学提供"南开方案"

习近平总书记"在哲学社会科学工作座谈会上的讲话"就中

---

① 作者是天津社科联原党组书记，本文是作者于 2017 年 3 月 27 日在谷先生逝世一周年追思会上的发言。

国特色哲学社会科学应有的特点提出要体现继承性。他指出：要善于融通古今中外各种资源，特别把握好三方面资源。一是马克思主义的资源，包括马克思主义基本原理，马克思主义中国化形成的成果及其文化形态，如党的理论和路线方针政策，中国特色社会主义道路、理论体系、制度，我国经济、政治、法律、文化、社会、生态、外交、国防、党建等领域形成的哲学社会科学思想和成果。这是中国特色哲学社会科学的主体内容，也是中国特色哲学社会科学发展的最大增量。二是中华优秀传统文化的资源。三是国外哲学社会科学的资源。要坚持古为今用、洋为中用，融通各种资源，不断推进知识创新、理论创新、方法创新。并且专门多次强调要发展中国特色社会主义政治经济学。

谷先生在此方面建树很多，如正确处理政府与市场关系的理论、中国特色社会主义政治经济学框架设计、话语体系等，还就天津发展积极建言咨政。这些既是学术创新，又得到多方认可，富有广泛影响力。显然，这些正属于中国特色哲学社会科学发展的最大增量，也是中国特色社会主义经济理论发展历程中的"南开方案"和天津作为。

"当代中国正经历着广泛而深刻的社会变革和实践创造，为学术繁荣与创造提供了强大动力和广阔空间。"经济学理论研究在中国进入经济发展新常态阶段后更是面对迫切需求和时代呼唤，我们有历史积淀和理论自信，应当也可以继续为破解理论难题拿出经济学研究的"南开方案"，为构建有中国特色、中国风格、中国气派的社会主义经济理论学科体系、学术体系、话语体系提供精品力作。

2. 学习和传承谷先生研究中国特色社会主义经济理论的治学精神，为新阶段发展中国特色社会主义政治经济学弘扬"南开精神"

新的时代呼唤新的理论指导。中国经济发展进入新常态，全面建成小康社会和谋划建设现代化强国给发展中国特色社会主义政治经济学赋予历史使命的同时也提出了很多挑战。当年以谷先生为代表的一批南开经济学家在理论创新时也面对诸多困难与挑战，有学术方面和物质方面的，也有政治方面的。但是他坚守勇于探索、不惧艰难、实事求是、锐意创新、刻苦治学、持之以恒的学术研究精神，保证了取得辉煌学术成就，他坚持热爱学生、扶植年轻人的精神境界和对青年人的严格要求与学术训练，更是培养了大批理论专家和优秀人才。

今天理论经济学发展的环境和条件有了重大改善，却又更为复杂，学界的诱惑不同以往。但是和老先生所处时期相同的是，依然恰逢经济学创新的时代。中国推进世界经济全球化的新变化和经济发展新常态赋予的历史任务比以往任何时候都需要经济学的创新，而且比以往任何时候都需要刻有"中国精神"的经济学指导理论。我们没有理由不继承老一辈经济学家的优良传统，定当继续弘扬他们的治学精神，在新的形势和条件下，为发展中国特色社会主义经济理论和咨政育人立德立言，展现和充实经济学研究的"南开精神"。

2017年要召开党的十九大，2018年将纪念改革开放40年，"南开方案"加上"南开精神"定将带来"南开贡献"！

2017 年 3 月

谷书堂教授追思会纪实

郝静秋[1]

南开新闻网讯：2016 年 3 月 27 日，著名经济学家和教育家、全国高校政治经济学学科领军人物、南开大学荣誉教授、南开政治经济学学科开拓者和杰出代表谷书堂教授，因病医治无效，在天津逝世，享年 91 岁。3 月 31 日，南开大学在经济学院举行谷书堂教授追思会。

南开大学原副校长、中国特色社会主义经济建设协同创新中心主任逄锦聚主持追思会。南开大学原副校长、经济学教授朱光华、天津市政府原副秘书长陈宗胜、深圳市原副市长唐杰、清华大学政治经济学研究中心主任蔡继明教授、西南财经大学原副校长刘灿教授、国家发展和改革委员会宏观经济研究院教授常修泽、南开大学经济学院教授乔葆和、河南大学经济学院名誉院长耿明斋、山西经济出版社原总编赵建廷、谷书堂夫人伏义琴老师出席追思会。谷书堂先生的生前好友、有关专家学者、谷先生的弟子学生、经济学院以及经济研究所负责人和教师代表参加会议。

1984 年开始留任学校经济研究所的逄锦聚，既是谷书堂的学生，又与谷书堂共事多年，深知先生牵挂所在。他说，谷老师作

① 本文为南开新闻网讯记者郝静秋摄影报道（2016 年 4 月 1 日）。

为全国政治经济学科的领军人物之一，他的离开是我国政治经济学界的一大损失，也是南开大学的一大损失。谷老师为我国政治经济学事业的发展和为南开大学经济学科发展做出的突出贡献将永远铭记人们的心中，他一生所践行的学术思想，永远值得我们学习。

朱光华从20世纪50年代末就和谷先生一起从事教学和科研工作，在回忆起两人之间的往事时，不禁百感交集，热泪盈眶。他在发言中说："谷先生是南开经济学科的旗帜。在这面旗帜上，铭记着南开经济学科改革发展的光辉历程和丰硕的科研成果；也铭记着一批又一批中青年经济学家从这面旗帜下腾飞，成为社会各界的精英；还铭记着'允公允能，日新月异'的南开精神和学术品格。谷先生是践行南开校训的楷模，是南开血脉的模范传人，我们要以谷先生为表率，永远缅怀我们的恩师，一代宗师，千古流芳。"

陈宗胜是谷书堂博士队伍中的大弟子，他在会上追忆了谷先生的学术贡献。他谈到，谷先生是一名著名的经济学家，他的"价值规律理论""商品经济理论""要素分配理论"是经济理论研究领域的重要成果；他也是一名伟大的教育家，他主编《政治经济学（社会主义部分）》（北方本），普及了经济学教育，培育了上千名学生；作为一名社会主义政治经济学的探索者，他努力创立了社会主义政治经济学体系，推动了经济学研究的进一步发展。

蔡继明在追思会上回忆了谷先生的治学之路。他谈到，谷先生一生都在思考学问，从未停歇。他始终走在时代发展的前

沿，引领着学术潮流。他的不随波逐流，不唯上，不唯书，是他留给我们最宝贵的遗产。

刘灿、唐杰、常修泽、耿明斋等在谷书堂教授追思会上发言。刘灿表达了对谷先生的追思怀念。她说，政治经济学科的发展，离不开老一辈经济学家的支持。谷先生是国内政治经济学科的领军人物，也是经济学人几代人的楷模。他留给后人的宝贵财富，不仅是他的理论贡献，还有他的为人和治学精神。我们要学习谷老师的学术精神，继承他的治学思想，努力推动政治经济学科向前发展。

反映谷书堂教授学术经历和学术思想的《一个经济学人的足迹》和《不平坦的治学路——谷书堂学术经历与学术思想述评》先后出版，参加追思会的山西经济出版社原总编赵建廷用一副挽联代表出版人表达了对谷先生的悼念之情，"三理论，数十年，倾心血毕生，唯求真谛；一本书，百万册，育英才几代，谁与比肩"，横批"痛悼宗师"。

谷书堂夫人伏义琴老师代表家属感谢南开师生对谷书堂的爱戴和追念。她说，我和谷老师一起生活了60年，他这一生不爱说话，唯爱思考。"冥思苦想，乐在其中"，这是他心里的真实写照。

会上其他来自高校、科研机构的学界同仁，谷书堂先生的同事以及学生等深情追思了他的崇高风范、光辉业绩和杰出贡献，从不同角度回忆了与谷先生相处的往事，表达了对他的沉痛哀悼和深切怀念。

2016年4月1日

一生与经济理论研究为伴

——纪念谷书堂教授逝世一周年

郝静秋[①]

2017 年 3 月 27 日，是著名经济学家、南开大学荣誉教授谷书堂逝世一周年。

这一天，南开大学经济研究所举行了一场特殊的座谈会。数十名谷书堂的同事、学生、后辈于经济学院围坐一堂，从理论自信这一学术角度，缅怀谷书堂在中国特色社会主义经济理论方面的毕生研究，延续他 70 年来对政治经济学从不间断的思考。

1. 对社会主义政治经济学情有独钟

"谷书堂毕生致力于马克思主义政治经济学和社会主义经济理论研究，在政治经济学基本理论和社会主义商品经济、价值理论、分配理论以及社会主义政治经济学理论体系的建设等方面进行了开创性研究并卓有建树"，这是大家在追忆谷先生时不约而同地所提到的。

1950 年 10 月，从南开毕业后在中共天津市委宣传部工作的谷书堂重新回到母校，成为新中国成立后第一代青年经济学教师。

改革开放后，受教育部委托，谷书堂和辽宁大学宋则行教授一起，在朱光华等教授协助下，组织北方 13 所高校编写《政治经济学（社会主义部分）》，这就是其后被高校广泛使用的"北方本"。

---

① 作者为南开新闻网记者郝静秋（2017 年 3 月 28 日）。

　　该书于 1979 年 12 月出版第 1 版，被教育部定为全国文科院校统编教材，到 2003 年共出版了 8 版，发行逾 150 万册，为我国社会主义政治经济学理论体系构建做出了重要的贡献，曾获国家教委优秀教学成果奖。

　　中国特色社会主义经济建设协同创新中心主任逄锦聚，从 1984 年开始留任南开大学经济研究所，既是谷书堂的学生，又与谷书堂共事多年，在谈起"北方本"时大加赞赏："'北方本'是改革开放开始以后我国最早出版的《政治经济学（社会主义部分）》教科书之一。该教科书在继承马克思主义政治经济学基本原理的基础上，突破苏联教科书的羁绊，最大限度地吸取当时理论界最新研究成果，实现了一系列理论和体系结构的创新"。

　　逄锦聚回忆，从 1986 年开始，谷书堂教授带领他的学术团队开始从事研究生教材的研究和建设，历时 3 年，由他主编的《社会主义经济学通论》于 1989 年出版。《通论》围绕社会主义经济的本质、运行与发展展开论述，在教科书中首次使用社会主义市场经济的范畴，首次对按贡献分配原则进行阐释，建立起了包括经济制度（经济体制）、微观经济运行、宏观经济运行以及经济发展等的全新理论体系。该书被教育部推荐为全国财经类高校研究生使用教材。

　　1990 年，受教育部委托，谷书堂与吴树青、吴宣恭一起主编了全国高校通用本科教材《政治经济学（社会主义部分）》。1995 年出版了融入更多现代经济学知识的《社会主义政治经济学新论》，该书是对《通论》所阐述理论体系的进一步深化。全书分为制度、微观和宏观 3 篇，从而为中国社会主义政治经济学理论体系提供了一个更新的版本。该书曾获国家级教学成果奖。进入 21 世纪，谷书堂老骥伏枥，探索不止，又提出了建设转型经济学的主张，并取得了若干阶段性的重要成果。

　　天津市政府前副秘书长、天津市政协常委、现任南开大学中国财富研究院名誉院长的陈宗胜教授，是谷先生改革开放后招收的第一位博士，在追忆恩师的学术贡献时他谈道："谷先生一生都在坚持用马克思主义历史唯物主义的原理，研究中国的社会经济现实问题，他对社会主义经济学的诸多设想是随着发展而变化的，体现出社会经济过渡这个特点。他的'价值规律理论''商品经济理论''要素分配理论'是经济理论研究领域的重要成果，对中国社会经济的发展产生了积极影响。"

2. 极度亲和的大师风范

谷书堂把一生中的大量时间都放在培养学生上。他的学生中不乏著名学者、高级干部、大企业家，遍布各个领域，很多人毕业几十年依然与老师保持着密切联系。在与谷书堂相处的点点滴滴中，大家能够感受到他对学生、对学术事业发自内心的尊重。

"在学校读书时，我就多次受到谷先生的亲切指导，走上工作岗位后，我也会不时请教恩师，他从来都是热情回应，悉心解答。"南开大学经济学系教授张俊山回忆。

年逾八旬的朱光华是谷书堂众多学生中最为年长的一个，从20世纪50年代末就和谷书堂一起从事教学和科研工作。在回忆起两人之间的往事时，朱光华不禁百感交集："谷先生在和我多次交谈中，经常讲到，要学会识人、用人、护人，即识才、用才、容才，体现了一位领军人物的高尚人才观和极度亲和力。这种亲和力对我而言，是一种人格的力量，又是大于权力的力量，是一种无形的凝聚力，又是一种自在的向心力。"

很多人发现，在谷书堂身边工作和学习，身教常常胜于言传。

经济学院青年教师王璐曾经做过谷书堂的学术秘书，日常工作之一就是帮谷先生处理信件。谷书堂有要求，所有来信必须很客气地回复，要仔细回答来访者问题，每一封信他都要反复修改多次，"作为一名学术大师，谷先生认真严谨的治学态度让我感触颇深"。

　　王璐清楚地记得，曾经有家期刊围绕社会主义收入分配问题向当时享誉盛名的谷书堂约稿。书稿完成后，谷先生想了半天，把文章题目《我的收入分配观》改成了《我对社会主义收入分配的一些看法》，谷先生在文中提到："社会经济是不断发展的，我的研究还没有到位，这些仅是我自己的一些看法"，这是他对王璐的解释，在王璐眼中"虽然更改的只是一个标题，体现的却是一名大师对待学问的谦虚与务实。"

　　"师德比做学问更重要，谷先生一生都致力于坦诚治学、严谨治学、科学治学，他的这种精神值得我们一直学习，需要我们发扬光大。"朱光华语重心长道。

3. 传承师志扛起社会主义政治经济学的大旗

　　谷书堂是南开经济学院的一面旗帜，在这面旗帜上，铭记着南开经济学科改革与发展的光辉历程。

　　曾任南开大学财政学系系主任的张志超教授谈到，谷先生对政治经济学（社会主义部分）的探索有几个鲜明特点：一是坚持以马克思主义政治经济学基本原理为指导，但不拘泥于个别论断和结论；二是坚持从中国实际出发，注重实践经验的总结，同时注意吸收国外经济学的有益成果；三是思想解放，实事求是，着力创新，很少思想保守。谷书堂教授在对政治经济学探索中形成的这些特点，成为今天我们治学的宝贵财富。

　　"对谷书堂教授最好的纪念是继承他的未竟事业，弘扬他的治学精神，为中国特色社会主义政治经济学理论体系和话语体系的构建贡献智慧和力量。"逄锦聚在座谈会上情真意切地说。

　　天津市社联原党组书记、天津师范大学经济发展研究所所长李家祥教授也表示赞同，"要立足我国国情和发展实践，发展当代中国马克思主义政治经济学，学习传承谷先生研究中国特色社会主义经济理论的多方贡献、治学精神，为新阶段发展中国特色社会主义政治经济学提供'南开方案'，弘扬'南开精神'"。

南开经济学科，有着很深的马克思主义经济学基因，现在又有一批优秀的中青年经济学家在成长。"我们要继承谷先生的事业，坚持'知中国，服务中国'的发展理念，扛起中国特色社会主义政治经济学这个大旗，开拓当代中国马克思主义政治经济学的新境界，为学校、社会、国家的发展贡献力量"，南开经济学院院长梁琪坚定地表示。

谷书堂 90 岁时，学生们一起编写了一本介绍他学术经历与学术思想的书，谷书堂深思熟虑后，将书名定为《不平坦的治学路》。

现在，南开经济学人以此为勉，鼓励自己在经济理论研究这条道路上愈走愈远。

2017 年 3 月 28 日

理论自信的源泉

——谷书堂先生中国特色社会主义经济理论学术思想座谈会纪要

刘　刚　　张海鹏[①]

　　2017 年 3 月 27 日，在谷书堂教授逝世一周年之际，南开大学经济研究所全体师生为谷先生举行了追思会，参加会议的还有

天津市社科联原党组书记李家祥教授、南开大学原副校长朱光华教授、天津市政府原副秘书长陈宗胜教授、南开大学财政系原主任张志超教授等，会议由南开大学原副校长逄锦聚教授主持。在追思会上，广大师生高度评价了谷书堂教授在人才培养和学术研究上的卓越成就，尤其是他在构建中国特色社会主义理论体系方面做出的杰出贡献。

　　2016 年 5 月 7 日，习近平同志《在哲学社会科学工作座谈会上的讲话》中指出，"坚持和发展中国特色社会主义，需要不断在实践和理论上进行探索、用发展着的理论指导发展着的实践。在

---

　　① 本文是南开大学经济研究所教师刘刚、张海鹏为 2017 年 3 月 27 日召开的谷先生逝世一周年追思会整理的会议纪要。

这个过程中，哲学社会科学具有不可替代的重要地位，哲学社会科学工作者具有不可替代的重要作用。"历史的经验一再表明，人类社会每一次重大跃进，人类文明每一次重大发展，都离不开哲学社会科学的知识变革和思想先导。我们纪念谷书堂教授并缅怀他的贡献，就是落实习近平同志的指示，深入探索社会主义经济理论。

谷书堂先生是南开大学中国特色社会主义经济理论研究的一面旗帜。这面旗帜不仅铭记着南开经济学科改革和发展的光辉历程，而且指引一批中青年学者成长为社会主义政治经济学理论研究的中坚。时值谷书堂先生逝世一周年之际，南开经济研究所举办"理论自信——谷书堂先生'中国特色社会主义经济理论'学术思想座谈会"，在缅怀先辈的同时，追寻谷书堂先生中国特色社会主义经济理论学术思想形成和发展的轨迹，解读理论自信的来源，激励后学献身中国特色社会主义经济理论研究，为中国特色社会主义政治经济学理论体系和学科体系建设做出更大的贡献。

新中国成立初期，谷书堂教授在系统接受马克思主义政治经济学教育之后，一直在南开大学从事政治经济学教学和研究工作，历任南开经济研究所第一副所长、所长和经济学院院长。成立于1927年的南开经济研究所，在历史上先后以南开物价指数和近代中国工业化研究享誉海内外。新中国成立后，尤其是改革开放以来，南开经济研究所在中国特色社会主义经济理论研究和社会主义政治经济学学科体系建设上做出了卓越贡献，成就了南开经济理论研究的第三次学术创新高峰。

对中国社会主义经济建设、改革和发展过程中重大现实问题的系统思考，是谷书堂教授学术思想的源泉。通过座谈，大家认识到，谷书堂先生在中国特色社会主义经济理论探索和研究过程中表现出来的强烈理论自信主要源于三个方面：

首先，始终坚持运用马克思主义的基本立场、观点和方法研究中国现实问题。在关于价值规律双重含义、社会主义商品经济和按贡献分配重大理论创新中，谷书堂先生都是坚持运用马克思主义的基本思想和实践第一的研究方法深入考察重大经济现实问题。在谷书堂先生看来，马克思主义对自然界和人类社会发展普遍规律的深刻揭示，为人类社会的进步和发展指明了方向，以马克思主义为指导的中国特色社会主义经济建设的实践是理论创新的源泉。

其次，在坚持马克思主义基本观点和方法的同时，坚决反对经济学理论研究和教学中的两种教条主义倾向。改革开放以来，始终存在着制约政治经济学研究和教学的两种教条主义倾向：一是把马克思在具体场合下的个别论断和观点作为颠扑不破的真理的教条主义做法；二是把西方经济学原理教条化地用于解释中国经济现实的机械思维。两种教条主义倾向的共同特点都是理论脱离实际，用理论剪裁事实。

在谷书堂先生按贡献分配理论的提出过程中，充分体现了反对两种教条主义和坚持实事求是的大家风范。就在他去世的前一年，在与学生的讨论中，还强调政治经济学社会主义部分教材的编写，一定要扎根于中国特色社会主义经济建设和发展的实践，在此基础上进行理论概括和总结，既不能简单照搬马克思的某些论断，也不能不加分析地照搬国外理论。

最后，在创建中国特色社会主义政治经济学理论和学科体系的过程中，注意广泛吸收包括西方经济学在内的人类一切优秀文化成果，开放和包容一直贯穿于谷书堂教授学术研究的始终。无论是《政治经济学（社会主义部分）》（北方本）还是《社会主义经济学通论》（研究生用教材）等的编写，都是在马克思主义基本方法和观点的指导下并在总结中国特色社会主义经济建设实践的同时兼收并蓄西方经济学的理论研究成果的基础上完成的。

从谷书堂教授中国特色社会主义经济理论学术思想的形成和

发展过程中可以看出，他的理论自信源于对坚持马克思主义和走中国特色社会主义道路的自信。社会主义道路是中国人民的自主选择，是实现中华民族伟大复兴的必由之路。中国特色社会主义经济理论是对中国社会主义经济建设的理论总结和概括。经过近七十年的发展，尤其是改革开放以来中国特色社会主义经济建设的成功实践，为中国特色社会主义经济理论体系发展提供了肥沃土壤。

作为南开经济理论研究的一面旗帜，在谷书堂教授的带领下，南开经济学同仁不仅为中国特色社会主义政治经济学教学和理论研究提供了"南开方案"，而且培养出一大批作为政治经济学教学和科研中坚的理论研究和教学人才。在新的阶段，如何进一步总结和提炼中国特色社会主义经济建设的实践经验，始终坚持中国特色社会主义道路自信、理论自信、制度自信和文化自信，是当代经济学人的历史使命。与此同时，着力探索和构建中国特色社会主义政治经济学理论体系和话语体系，讲好中国故事，是南开经济学研究工作者对谷书堂先生最好的缅怀和纪念。

2017 年 3 月 27 日

三、贡献篇

本篇共选取六篇文章，都是在谷书堂教授去世后发表在不同报刊上的纪念性文章，包括逄锦聚的《谷书堂学术思想述要》、陈宗胜的《社会主义政治经济学泰斗——谷书堂主要经济理论、教育业绩及理论体系介绍》、常修泽的《谷书堂教授的学术道路及理论贡献》和《谷书堂教授对价值规律理论的探索与贡献》、乔葆和的《老马识途——谷书堂教授论马克思主义中国化》、刘玉录的《怀念先生不倦教诲，推动谷学研究兴起》。这些文章分别从不同视角，较为详尽地介绍了谷书堂教授的理论观点、经济学思想体系和学术贡献。

谷书堂学术思想述要

逄锦聚[①]

谷老师是著名经济学家，其学术思想之独到，影响之广泛，不仅为学术界所公认，也为实际经济工作者所景仰。他毕生呕心沥血，致力于马克思主义政治经济学和社会主义经济理论研究，在政治经济学基本理论和社会主义商品经济、价值理论、分配理论以及社会主义政治经济学理论体系的建设等方面都有独到的建

树，对推动我国改革发展和现代化建设，推动中国特色社会主义政治经济学的建设和发展，做出了永载史册的贡献。

1955年，而立之年的谷书堂教授就与魏埙教授一起发表《价值法则及其在资本主义发生发展各个阶段上的作用及形式》，提出了"社会必要劳动时间二重含义及其价值决定"的理论观点，引

---

① 作者为南开大学教授、博导，原南开大学副校长，本文发表于《光明日报》2016年3月30日15版。

起经济学界的广泛讨论。这篇著述虽然很大程度上是对马克思主义政治经济学经典论述的阐释，但在社会主义经济制度确立前夕，实际上为社会主义条件下按比例分配社会劳动提供了重要理论依据和指导。

1979 年，改革开放开始不久，谷书堂教授发表《论价值规律在社会主义商品经济中的调节作用》一文，提出社会主义经济是公有制基础上的有计划的商品经济；20 世纪 80 年代初，出版《社会主义商品经济和价值规律》专著，提出"中国经济体制改革应以商品经济和价值规律理论作为依据"；1989 年，出版专著《社会主义经济学通论》，又进一步提出我国应发展社会主义市场经济。这些学术著作的出版和理论的提出，使谷书堂教授成为我国较早主张发展社会主义商品经济、社会主义市场经济、坚持以市场经济改革为取向的学者之一。尤其是，1987 年谷书堂教授在国内率先提出"按生产要素贡献分配"的观点，为党和国家决策提供了重要理论参考，对推动我国经济体制改革发挥了重要作用。

创新政治经济学理论体系和教材体系，建设社会主义政治经济学，是谷老师毕生的追求。早在 20 世纪 50 年代初，在参加苏联专家在中国举办的培训班时，他就曾产生过建设中国社会主义

政治经济学的设想，在其后的教学和科研中，他曾为此做过反复努力，但由于中国社会主义经济建设实践时间不长和当时一些条件的限制，特别是由于在反右倾、"文化大革命"中他受到严重迫害，这种努力没有取得实质性进展。但待到改革开放一开始，他长期的知识积累和压抑已久的使命感如火山一样迸发。1979年他主编出版了由 13 所高校参加编写的《政治经济学（社会主义部分）》（简称北方本），被教育部定为全国文科院校统编教材，先后出版八版，发行逾150万册，并获国家级优秀教材奖和国家教委优秀教学成果奖；1989年主编出版的《社会主义经济学通论》被教育部学位办推荐为全国经济类硕士研究生教材，获得国家级优秀教学成果奖。在这些教材中，他关于以物质利益关系为主线并以经济制度、经济运行、经济发展、宏观经济调控等为主要内容构建社会主义政治经济学体系结构的探索，为中国特色社会主义政治经济学理论体系和话语体系的建设，为经济学高素质人才的培养，发挥了重要作用。

改革开放开始，我国迎来了发展学科、繁荣经济的春天。谷书堂教授受命于拨乱反正之际，先后出任南开大学经济研究所常务副所长、所长和南开大学经济学院院长。他以适应国家急需、经世济民为己任，和同事们一起发扬南开经济学科"知中国，服务中国"的优良传统，抓住历史机遇，建立或恢复建立了管理学、金融保险学、国际经济与贸易学、会计学、旅游学、数量经济、城市经济学、产业经济学、交通经济等应用学科，使当时南开经济学学科总体水平迅速走到全国高校前列，为南开大学其后的学科发展奠定了坚实基础。同时，适应学科发展的需要，建立或恢复重建了国际经济贸易系、金融学系、保险学系、旅游学系，会计系、国际经济研究所、交通经济研究所、人口研究所、台湾研究所等机构，使南开大学经济学院迅速成为当时国内高校规模最大、实力最强的经济学院之一。

1997 年，谷书堂教授年届 72 岁时办理了离休手续，但他仍然频繁参加国内外学术活动、指导博士生、笔耕不辍。这期间他出版的著作有：《社会主义经济学通论》（修订再版）《政治经济学（社会主义部分）》第七版和第八版以及《社会主义市场经济研究》《经济学在中国的发展路径之探讨》等。2009 年 8 月，长达 157 万余字的《谷书堂文集》（上下卷）出版发行，这是谷书堂教授多年从事社会主义经济学理论研究的总结，也是新中国成立以来经济理论进展的一个缩影。透过这个文集，我们看到了一个忠诚于党和人民教育事业的知识分子探索真理的脚步和心路历程。

谷老师终生为探索真理而苦苦求索，即使在"文化大革命"那样十分困难的逆境中也没有放松对经济学理论的追求和探索。他曾经叮嘱我们年轻人，唯坚持马克思主义唯物论学说，跟上时代和实践发展的步伐，才是社会主义政治经济学繁荣发展的根本之道。

2016 年 3 月 30 日

社会主义政治经济学泰斗

——谷书堂主要经济理论、教育业绩及理论体系介绍

陈宗胜[①]

2016 年 3 月 27 日，我们敬爱的老师谷书堂教授，中国共产党优秀党员，著名经济学家、教育家、社会主义政治经济学泰斗，南开大学荣誉教授、南开政治经济学学科开拓者和杰出代表，因病医治无效，在天津逝世，享年 91 岁。中国经济学界失去一位政治经济学研究大师，一位社会主义经济学理论勇敢探索者，一位改革开放理论与实践的先锋战士；我们这些谷老师先后的学生，失去一位交流谈心的好朋友，一位德高望重的老前辈，一位泰斗级经济理论引路人。

为纪念恩师的不幸去世，介绍他为中国社会主义政治经济学研究、教学和发展所做出的重大贡献，根据有关编辑要求参考前几年的有关研究，草成此文以纪念恩师的教诲，表达我们无尽的哀思。

---

① 作者是南开大学教授、博导，原为天津市政府副秘书长，曾任南开经济研究所第八任所长，本文发表于人民日报社主办《中国城市报》，分上、中、下连载于 2016 年 5 月 2 日、9 日、16 日，其后新浪财经网、中国经济网、中国城市网、北方网、中国网都转载了。

一、谷书堂教授是著名的政治经济学理论家

谷书堂教授作为国内著名经济学家，在经济学理论的许多重要方面都做出重要探索性贡献。他作为成名很早的经济学家，善于独立思考，敢于创新，不愿人云亦云，总是力求实事求是反映社会主义实践的客观发展规律。其中主要理论贡献体现在他关于价值规律、商品经济、要素分配等三大理论探索中。

1. 他关于价值规律的理论贡献，主要体现在由他发起的三次关于价值规律的大讨论中

关于价值规律所涉及的两种含义的社会必要劳动时间与价值决定的关系，是我国经济学界内部长期争论的一个问题。20 世纪50 年代、60 年代和 80 年代，我国经济学界围绕这一问题曾展开三次较大规模的讨论，谷书堂教授既是三场大讨论的发起者之一，也是主要观点的代表者。这三场大讨论，为我国社会主义市场经济体制的最终确立奠定了必要的理论基础。

所谓价值规律的两重含义，简言之，是指马克思在《资本论》中论及与价值决定相关的社会必要劳动时间有两种：第一种含义是指，"在现有的社会正常的生产条件下，在社会平均的劳动熟练程度和劳动强度下制造某种使用价值所需要的劳动时间"（简称为必要劳动 I）；第二种含义是指，社会总劳动时间中为满足一定社会需要应分配于某一生产部门的总劳动时间（简称为必要劳动 II）。三次大讨论的核心，是围绕哪一重含义的必要劳动时间决定价值而展开的。有三种代表性观点，有人认为是必要劳动 I 决定的，必要劳动 II 只决定价值实现，所谓"实现说"；有人认为必要劳动 I 必须要服从必要劳动 II，最终是必要劳动 II 决定的，所谓"决定说"；有人认为两重含义必要劳动都决定价值，所谓"共

同决定说"。谷书堂教授坚持后一种观点，认为生产社会所需要的某种商品总量所耗费的时间，即第二种含义的社会必要劳动时间，是整个社会必要劳动时间的不可分割的内容，它在商品价值决定中同必要劳动Ⅰ一样，都有直接的基础作用。今天看来谷书堂教授等人的观点可能更具科学性。但是我们这里姑且不谈争论各方的对与错，仅就由谷书堂等人引发的这三次大讨论本身而言，具有重要的理论意义和现实意义。

　　经过这样的三次大讨论，我国经济学界不仅对两种含义的社会必要劳动与价值决定的关系问题有了比较全面的理解，而且对与此相关的许多经济学理论问题，如价值规律的内容和作用形式、时间节约和按比例分配规律与价值规律的关系、市场价值与价值的异同、两种不同的供求关系对价值决定的影响、农产品的价值决定和虚假的社会价值问题等，也都有了一些新的认识，从而使我国政治经济学的教育与研究提高到一个新的水平。不仅如此，国内很多著名的经济学家都参加了这场争论，其人员之广，文章数量之多，都是前所未有的。而且参加讨论的人，大都公开指名道姓，有来有往，开诚布公，坦诚相待，形成了百家争鸣的浓厚学术气氛，这也培养和锻炼了一批理论经济学的新秀，从而为以后经济学的发展开创了一个平等探讨、百家争鸣的好范例。

　　如果从我国改革开放后建立社会主义市场经济体制的角度看，这场争论的实践意义更大。大家知道，在我国和苏联长期以来实行的计划经济体制下，整个社会的生产基本上都是由统一计划自上而下地调节的，不管这些计划是否反映了实际的社会需要，生产者只要完成了计划指标，生产出来的产品无论成本多高，无论是否具有社会使用价值和符合需要量，都一概按照其实际生产费用计算"产值"，其中自然包含了大量的所谓无法实现的"价值"。"实现说"从一定意义上看，正是这种计划经济体制在理论上的一个反映。而无论是"决定说"还是"共同决定说"，作为对"实现说"的批评和否定，在实际上也就是对传统的计划经济体制的批评和否定。特别是谷书堂教授等坚持的"共同决定说"，强调两种社会必要劳动共同决定价值，从而确定了供求因素在价值决定中的同等重要的作用，揭示了价值形成的内在机制，这无疑对于改革不合理的价格体制，实现由计划价格机制向市场价格机制的转化，都具有重要的指导意义。而且，就其强调社会需求和社会总劳动按比例分配这一点而言，对于合理配置社会总资源，改革和完善宏观调控体系，也都不无借鉴意义。特别是根据中共十八届三中全会全面深化改革的精神，要发挥市场在资源配置中的决定性作用，根据要素市场的供求关系配置资源，根据产品市场需求决定有效供给，其核心就是要遵循价值规律，包括其所包含的两重必要劳动的含义。

2. 他关于商品经济及市场经济理论观点，主要体现在改革开放后他发表的一系列文章中

1980 年前后中国改革开放开始，但经济体制改革的理论基础是什么，当时在社会各界的认识并不一致，甚至相互矛盾的认识都是存在的。1979 年，谷书堂教授发表了《论价值规律在社会主义商品经济中的调节作用》，指出社会主义经济是公有制基础上有计划的商品经济，由此他成为我国较早明确提出我国经济具有商品经济性质的经济学家。在同年提交全国价值规律讨论会的论文《重新认识社会主义经济中的商品生产和价值规律》中，他提出了全民所有制企业之间的 "商品关系论"，从而为论证公有经济也是商品经济提供了有力论据。以后他结合对价值规律的研究，又多次探讨了中国公有制经济的商品属性和市场性质。

到 20 世纪 80 年代末期，针对当时理论界出现的否定公有制经济的商品经济性质的倾向，谷书堂教授系统阐述了公有制经济与商品经济的内在联系，指出公有制经济与商品经济并不是两个相互矛盾的经济体，而是分属于不同序列的经济范畴。公有制决定经济体的制度性质，而商品经济不属于某种经济制度所特有，而是一种可与多种经济制度相结合的生产、交换方式，因此中国经济体制改革必须坚持商品经济的市场取向。这种观点与20世纪90年代初邓小平关于计划与市场讲话的观点，与随后召开的党的十四大报告的基本观点是完全吻合的。

在谷书堂教授看来，商品经济就是以市场为前提的，只有市场的存在才能有商品的生产、流通、交换，因此商品经济就是市场经济。所以，在1992年我们党的十四大报告明确提出社会主义市场经济体制并将我国经济体制改革推进到一个崭新阶段之前，他早在1988年撰写《社会主义经济学通论》和《政治经济学（社会主义部分）》的修订中，已经使用了"社会主义市场经济"的概念。1992年以后，他则更加系统地陆续发表和出版了一系列相关文章和著作，进一步阐述他对商品经济及市场经济的看法，更深入地探讨了社会主义市场经济的一系列重要问题，如关于市场经济与有计划商品经济的联系，关于市场经济与公有制度的关系，关于中国经济选择市场经济的客观基础，关于市场经济与计划调节的结合关系，关于发展市场经济、建立社会主义市场经济体制的途径等。所有这些理论观点都为中国经济体制改革与开放提供了有力的理论指导。

3. 他关于按生产要素贡献分配理论的提出，是对改革开放实践的总结

自20世纪80年代改革开放以后，随着我国计划经济体制向市场经济体制的转变和多元所有制结构的形成，在分配领域也出现了多种分配方式。除了公有制经济中实行按劳分配以外，个体劳动者通过合法经营既获得劳动收入，又得到一定的资产和经营收入；当企业发行债券筹集资金时，债券所有者就会凭债权取得利息；随着股份经济的产生，还出现了股份分红；在私营企业雇工经营中，企业主会得到部分非劳动收入。概括起来，所有这些收入分配形式，不过是按劳动分配收入和按非劳动要素分配收入，既包括公有制经济中的按劳分配，又包括个体劳动者和私营企业中的雇佣劳动者的收入，还包括经营管理者作为劳动者所获得的部分收入；非劳动收入既包括资本收入即利润、利息、股息、红利、债息，又包括土地所有权收入租金，本质上都是各种非劳动要素所有权的体现。

于是，我们党的十三大（1987）提出社会主义初级阶段实行按劳分配为主体，多种分配方式并存。但是，这里的"按劳分配为主体的多种分配方式"，仅仅是对社会主义初级阶段收入分配方式的一种直观描述。这种多元的分配方式的概括性、规定性是什么？其中每一种分配方式的彼此之间的联系又是什么？这些问题引起了经济学界的热烈讨论，争论的焦点是如何从理论上阐明以按劳分配为主的多种分配形式，特别是如何看待非劳动要素参与分配，如何对社会主义初级阶段的分配原则做出统一的理论概括？谷书堂教授"按生产要素贡献分配"的理论，就是在这个背景下提出的。

早在1984年中央提出"有计划的商品经济"后，谷书堂即在次年召开的第一届全国高校社会主义经济理论与实践学术研讨会上，作了按劳动贡献分配为主线的大会发言。此后，他进一步从多种所有制并存的市场经济现实出发，考虑到其他生产要素同样对财富的创造做出了贡献，理应根据各自的贡献进行分配，进而形成了"按各种生产要素贡献分配"的思想。

他关于按要素贡献分配的理论思想的核心，是认为社会主义初级阶段的个人收入分配原则应该是按各种生产要素的贡献进行分配，其中包括劳动的贡献和非劳动要素的贡献，比如工资、利息和利润、地租，是根据劳动、资本、土地对财富的创造所做的贡献而进行分配的结果，而在现实中各种要素所得报酬的量是由要素市场的供求关系决定的。应当说，这一理论概括，与我国当前处于经济发展的初级阶段必须实行公有制为主导的混合经济体制的现实是一致的。因此，这样概括的分配方式一定能够推动、促进社会生产力的发展。

二、谷书堂教授是杰出的政治经济学教育家

谷书堂教授是一位杰出的政治经济学教育家。他对经济学教学事业倾注大量心血，做出了重要贡献，并且结出丰硕的成果，影响深远；他总是孜孜不倦地教书育人，潜移默化地教育、培养和影响着一代又一代青年经济理论学子。

1. 教书育人，桃李满天下

1949 年谷书堂教授毕业于南开大学，此后直到他去世，为他所钟爱的经济学教育事业奉献了毕生心血和才智。20 世纪五六十年代他主要是作为其他教授的助理从事教学并以研究为主，"文化大革命"中则多是蹉跎岁月无法全心教学，但是改革开放后他真正得以焕发青春、老骥伏枥、大显身手，全身心投入经济学教育事业，并且出于工作需要和组织安排，谷书堂教授一直是"双肩挑"，在从事繁忙的教学和科学研究的同时，还担任了学院里党务和行政管理工作，先后任南开大学经济系系主任助理、系副主任、系党支部书记、经济研究所常务副所长、经济研究所所长、经济学院院长。他始终是一边做管理工作，一边又亲自组织教学研究队伍，亲自主编教材，亲自为学生授课，传授知识，释疑解惑。同许多老一代学者一样，谷书堂教授一生曲折的人生经历铸就他矢志不移、百折不弯、勤勤恳恳的优秀品质。

谷书堂教授把大量的时间都用在教学和培养学生上。他一直认为，从推动中国经济学的整体发展来说，花费更多时间培养学生，能够做出更大的贡献。从开始从教到今天，他已先后培养了

大批的本科生、硕士生和博士生，真可谓是桃李满天下。在他培养的学生中，继续从事研究治学的，早就脱颖而出，有的已经著作"等身"了；从事企业实际经济工作的，有不少人早成为国内外有影响的大企业家；从事党政管理工作的，更有一批党政干部在各级政府部门指挥、决策、干事；大多数人毕业后在各种平凡岗位上，奋力进取，做出了不平凡的事业。经过谷书堂教授教育毕业后的学生，遍布国内外各个工作领域，很多学生都长期跟谷老师保持联系，就某些问题向谷先生求教，并经常受到谷先生的教诲。

2. 循循善诱，诲人不倦

谷老师作为南开大学的经济学教师，既给学生传授了知识，又特别善于采用自己的方法引导学生学习和研究。说他是教育大师，除教学要做得好外，要真正培养出优秀的学生，主要还是要有一些行之有效的教学方法。我自进入研究生学习后，谷书堂教授就按照他总结的系统教学经验和方法，引导我们学习、研究，推动我们不断进步。俗话说，"师傅领进门，修行在个人"。人们说这句话时，往往是强调徒弟个人的努力的重要性。其实回过头来看，我自己的体会，个人努力总是重要的，但师傅如何领学生进门是更为重要的。学问、学术、学习之门，绝不只是一道门，而是每走一步都有一道门的，只有穿过道道门槛才能成事。有老师引领可能一步跨入门里面，跨过道道门槛，而无人引路可能一辈子都在门外徘徊。所谓不得其法，难入其门。谷老师作为教育家，教授学生学习有一套方法，我体会是循循善诱、由浅入深的三步渐进法。

首先，第一步，他强调要多读书，而且要多做读书笔记、甚至是多记学习卡片等，在没有计算机的年代里，他提倡我们身上总是带着合适尺寸的纸卡片，有心得就及时记录下来，等积累到一定时间和一定程度，自然就可以对一个问题形成统一的认识，串成一篇学习体会文章。当然，这一步的这个体会多是别人观点的梳理和整理，还较少有自己特别的观点和理念。这一步主要是广泛涉猎，积累知识，采撷他人文章、著作的精华。现在很少有人记纸卡片，有更为高效的电脑代劳了，不过道理仍是相通的和有效的。

第二步，试着写出所读文章或著作的评述。即评论他人的观点是否正确或完善，在广泛阅读的基础上，把多种观点综合一起，相互比较，自然会把自己的观点加进去，通过设问、怀疑、评论，这样就形成了一种批判性的思维。在评议中批判了错误的，纠正了不适当的，肯定了正确的，则自己的观点、意见也就包含在其中了。这是第二步的主要要求和特点。

第三步，也是其中重要的一步，就是最后要走向创造。通过对前人成果的肯定和否定的评判，创立起自己的观点和想法。这个观点是不同于其他学者的，是有自己独特根据做支撑的。当然，这个创新可以有不同层次，可以是全新的不同观点，这当然最好；也可以是证明同一观点的新的材料；也可以是证明同一观点的不同方法。总之，是不同于以往的文章或他人已有的劳动的，也许是一个侧面，或一个部分，或者整体上的创新。

这个由梳理、分析、创新的三部曲，或者叫摘录、评议、创造的三部曲，其中的三个步骤，是相互独立的，也是相互联系的，由浅入深，引导学生在这一过程中学会怎么收集资料、怎么运用资料的方法，进而学会怎么表述自己的观点，最终学会怎样创立自己的观点。总之，是与政治上"求同存异"恰巧相反，要在学术上"存同求异"，标新立异，创立学术上一家之言，创造创新。

谷老师的学生们都是在这"三部曲"的熏陶中锻炼出来的。我自己觉得深受其益，我们正是循规蹈矩地沿着谷老师指引的正确方向，一步步从一个不知经济学为何物的青年学生，成长为在学术界有影响的青年学者、经济学家。大概是2003年这一年，谷老师的学生中有三位一起得到了我国经济学界最高学术奖"孙冶方经济科学奖"。其中，一位是山东大学的臧旭恒教授关于消费经济学的研究，一位是南开管理学院院长李维安教授关于公司治理的研究，还有一位就是我本人关于中国经济体制市场化程度测度的研究。这在中国经济学学术界一时传为佳话，谓之"南开现象"。一些学者认为这绝不是偶然的，一些敏感的记者还纷纷采访谷书堂教授，试图从各种途径寻找答案，探讨南开现象的谜底。当然，谷书堂教授也不会有什么单一的标准的答案。不过我以为，与谷书堂教授教育学生的方法一定是有直接关联的，至少是其中的重要因素之一吧。

就我进行的那项研究而言，那是我任南开经济研究所所长时带领十多位青年博士完成的，回答了中国体制改革进程的可测度问题，为中国加入 WTO 争取市场经济国际地位奠定基础，后来引起了中国学术界一个广泛的研究热潮，各省市的体制改革研究机构都发来信函，要求帮助测度他们省市的市场化程度，一些学者也相继加入研究，如北师大的李晓西教授和体制改革所的樊纲、王小鲁教授等，都开展过卓有成效的研究。这在国外也引起广泛关注，被作为 20 世纪末中国的热点。这项研究的源起，实际上是我在上世纪 80 年代末读博士时在谷老师主持的讨论课上形成的想法，只是当时的各种条件不成熟没有实施。直到 90 年代初我完成耶鲁博士后研究，发现国外关于中国市场化的研究是一片空白，博士后完成回国后，我设法成立了谷书堂经济学基金，在基金支持下才启动相关的大规模测算和研究。因此，此研究获得孙冶方经济科学奖，应当说是有扎实的基础和相当深度的积累的。

3. 思想开放，结合需求办学

谷书堂教授的教育思想是开放性的。他重视正规学历教育，也特别关注在职教育。20 世纪 80 年代初（1982 年），加拿大国际开发署（CIDA）与国家教委开展交流与合作，决定援助中国 8

所高校发展现代管理学教育。时任校长滕维藻教授与钱荣堃教授、谷书堂教授等立即抓住机遇，经过充分筹备，于两年后与加方的约克、麦克马斯特、拉瓦尔三所大学合作，在南开大学开办工商管理硕士（MBA）研究生班，由中加双方教师以双语授课，其中十多门主要课程由加方委派教师讲授，并提供全部教材，从1984到1986年共招收了三届MBA研究生，为国家培养了一批亟须的管理人才，同时创造了留学不出国门的教育模式。

1984年，我国实行沿海十六城市开发开放政策，谷书堂教授与时任校长滕维藻教授敏感地抓住机遇，带领有关人员访问当时国务院特区办公室主任等领导同志，决定在南开大学举办沿海开放城市领导干部培训班，由南开大学教授、外国资深教授、国家主管部门和实际部门领导授课，培训经济特区、开发区、沿海沿边开放城市领导干部，从1985年至1995年举办二十多次，共轮训五百多人，简称"对外开放市长班"，为中国的对外开放做出了杰出的贡献。20世纪90年代初，为适应改革开放新形势，当时的国家地矿部与经济学院院长谷书堂教授磋商，对地矿行业系统内的年轻干部脱产进行经济学专业研究生培养，合作创办了"地矿班"，从1991年到1993年连续举办三期，共培养研究生120多名。其中，现在国家发展改革委、国家统计局等国家有关部门、北京、天津、甘肃等省市的领导中都有这个班的研究生，正在为国家新时期改革开放做贡献。1992年在谷书堂教授与其他多位教授共同主持下，南开大学经济学院与深圳市综合开发研究院联合举办的博士培养项目，先后共培养博士60多名，在深圳市领导岗位上，在企业、金融、经济、教育、科研等各个战线，都活跃着通过这个项目毕业的南开校友，他们为特区建设做出了卓越的贡献。

改革开放后，谷书堂教授等呕心沥血，在高度重视培养自己经济学教师队伍的同时，也特别重视引进国外的专家学者，广聘国际人才，加强与国际学术界的交流，先后聘请了前世界银行高级经济顾问、美籍华人杨叔进博士讲授发展经济学，并担任国际经济研究所所长；1985年聘请联合国前非洲发展银行高级顾问、联合国援助苏丹交通部总顾问、美国支援叙利亚交通发展规划项目总经济师桑恒康教授讲授交通运输经济学，创办南开大学交通经济研究所（1987年）并担任所长；同期还聘请精算大师段开龄先生，创设"精算学"研究课程，创建保险研究所并担任所长，培养了中国第一位精算师，还促成南开北美精算考试中心落户南开，为我国培养出首批精算师，促进了中国精算业的发展。

在打造教学科研队伍和推行开放式教学的同时，在校领导的大力支持下，谷书堂教授与经济学院其他教师齐心协力，全力扩展经济学院的学科体系，使其由原来的一系一所，发展起几乎包括了全部经济与管理的专业学科。在不长的时间里，南开大学经济学院迅速建设了管理学、金融保险学、国际经济与贸易学、会计学、旅游学、价格学、数量经济、城市经济学、产业经济学、交通经济等新兴应用学科，使当时南开的经济学学科总体水平站到全国最前列；相应地组建了管理系、国际经济贸易系、金融学系、保险学系、旅游学系、会计系、国际经济研究所、交通经济研究所、人口研究所、台湾研究所等机构，成为当时国内高校规模最大、实力最强、效果也最突出的经济学科院校，为日后不同时期从经济学院分出并独立运行的国际商学院、经济与发展研究院、金融学院、APEC研究中心等机构的建立以及南开大学牵头的中国特色社会主义经济建设协同创新中心和南开大学的建设发展奠定了基础。这期间，谷书堂教授对南开的学术杂志也倾注心血，于上世纪80年代初创办《南开经济研究所季刊》，与国家物价局合作创办《价格理论与实践》，到现在发展成为《南开经济研究》、《南开管理评论》这两个影响更大的经济学与管理学杂志，大大促进了科学研究和学术交流。

4. 有教无类，不拘一格教人才

谷书堂教授在教育思想方面，坚守一个信念，就是不拘一格培养人才。他注重科班专业教育，也更加重视有实践经验者的努力。在他招收的硕士研究生中，有相当一些人是没有正规本科学历的，有的甚至是自学成才的农家子弟，以实际行动实践着孔老夫子有关人才培养"有教无类"的思想，是具有远见卓识的教育家。他每年招收的学生的背景各不相同，水平参差不齐，但谷老师都耐心地教育他们。在我的硕士同学中，有一个是某地区乡村的木匠，人很聪明能干，也非常刻苦勤奋，但家中经济条件较差，基本都是自学的各种经济学、管理学知识。他当年是慕名来津考魏勋教授、谷书堂教授的学生，第一年没考上，第二年仍继续准备应考。他平时无钱租房子住，就在市区外找到一艘废弃的破船，由于他是木匠，于是他就将破船修了修，在那里居住、生活、复习。为了准备考试，他要常去听魏勋老师讲政治经济学的课程，期间聊天中魏老师听说了这件事，非常欣赏他的学习精神和坚韧毅力，于是和谷老师商量了一下，一起在学校里面为他找了个简易地方住下，免掉了学费、房租等各种费用。

这个同学感恩戴德，发奋努力，终于在隔一年第三次成功考上了硕士，毕业之后又到北京大学攻读了博士，导师是另一位著名经济学家。博士毕业后他辞去国家物价局工作，回家乡开办了信用社，由于头脑"发热"、工作失误，采取了一些违法违规经营方式，结果借款企业还不了款，信用社蒙受巨大损失而最终倒闭。国家因此要判他刑，谷书堂教授了解后很为其惋惜，但念及他虽然犯罪，但并无挥霍，也无贪污，还没有突破个人道德品质的底线，是可以再教育的，仍对此学生保持着一颗爱心，容许他改过自新和重新做人，鼓励他在狱中积极上进，在狱外谷书堂教授则带领一些老师和我们这些同学们自掏腰包捐款，尽量帮忙照顾他的妻女的生活，使他免去后顾之忧。我这个同学也的确是一个大奇人、能人，他在监狱中改造的同时，坚持习武、练拳、读书、研究，竟然写出几本颇有水平的新书，争取减刑提前出狱。十几年的高墙生活，他居然精神不垮，身体不衰，一如进去之前的状态，这一定与谷教授对他的关心、关爱是分不开的。听说这个同学现在在别处仍然干得红红火火，继续为国家贡献力量。从这件事中可以看出，谷书堂教授对教育学生真是费尽心血，一直都是诲人不倦，真心地希望学生以后能成为有用之才，即使学生一时犯错，他也不轻言放弃。每个学生的点滴进步，他都非常高兴，每次听到学生们的成就，看到学生们的进步和成长，谷书堂教授总是感到无限的欣慰和幸福。

三、谷书堂教授是探索社会主义经济学体系的学术泰斗

谷书堂教授的理论研究成就、教育思想和教学成就远不至以上所述，他的毕生努力和贡献还有相当部分体现在他对社会主义政治经济学体系的研究过程中。如果说政治经济学社会主义部分的理论体系是一座正在建设的理论大厦的话，则谷书堂教授就是为这座大厦绘制蓝图的设计大师，也是为其增砖添瓦的工程泰斗，对政治经济学理论体系的探索和贡献，正是他自己在不断进行政治经济学理论研究和探讨的过程中实现的。

20 世纪 50 年代初期，大学毕业不久的青年谷书堂以极大的热情投身到社会主义理论的学习和研讨之中。与其他同龄人一样，谷书堂教授对社会主义政治经济学的接触，是从当时流行的苏联政治经济学教科书开始的。1954 年出版的由苏联社会科学院经济研究所编写的《政治经济学教科书》是在斯大林的亲自指导下完成的，该书集中了苏联许多著名学者共同编写，具有很大的权威

性。该书强调了社会主义经济规律的客观性；分析了社会主义存在商品生产的原因；阐明了价值规律的作用；分析了城乡差别、脑体差别存在的必然性；明确了社会主义基本经济规律的概念、内容和地位。这本书是人类历史上第一部较系统地论述社会主义政治经济学的教本，对青年谷书堂以及中国其他经济学者有很大的影响。

对青年谷书堂关于政治经济学理论体系的观点产生较大影响的另一思想渊源，是斯大林关于政治经济学的研究对象的论述。在50年代初，来自苏联的权威性著作就是斯大林的《苏联社会主义经济问题》。在这本书中，斯大林指出："政治经济学的对象是人们的生产关系，即经济关系。这里包括：（一）生产资料的所有制形式；（二）由此产生的各种社会集团在生产中的地位以及他们的相互关系；（三）完全以它们为转移的产品分配形式。这一切构成政治经济学的对象。"斯大林的这一定义至少形式上同马克思的定义是有联系的，且具有简洁明确的特点，从而得到了当时大多数经济学家的支持，影响颇为深远。青年谷书堂基本接受了这一定义，以致在50年代后期和60年代初关于政治经济学的研究对象的讨论中，他都坚持狭义的生产关系论。

1. 怀疑经典，力图有所突破

当时的青年谷书堂虽然在原则上仍然坚持生产关系是政治经济学的研究对象的看法，但对研究对象的内涵已有了更深入的理解。如他不赞成把生产力和生产力组织作为政治经济学的研究对象，也不赞成将经济中的消费关系单独突出出来。这一思想变化，说明青年谷书堂已经开始在自己深思熟虑的基础上，对当时流行的教科书和斯大林的思想产生了怀疑，希望和试图能有所突破和发展。当有人把直接生产过程中劳动者之间的活动的"交换"视为生产关系和交换关系，是生产过程中人与人的关系时，谷书堂认为，这种笼统的认识是不确切的，这种交换关系实际上"是一种新的生产力，而不能视为一种生产关系。"在其他方面，青年谷书堂也有不同的看法。他认为，应当交代清楚政治经济学所研究的生产关系中，生产、交换、分配、消费四个方面与马列著作中的生产、交换、分配、消费四个环节的关系。

20世纪50年代中后期及60年代初期，随着国际国内形势的变化，人们开始对苏联政治经济学教科书越来越不满意了。苏联国内开始全面批判斯大林，组织修订教科书；在我国国内随着社会主义改造的完成，生产资料公有制的地位得到确立，社会主义建设时期开始。社会主义实践的发展对政治经济学教科书提出了新的要求，要把我国实践中的变化及时反映到教科书中去。1957年春天，高教部在北京组织了少数几位经济学理论工作者编写适应中国情况的政治经济学大纲，谷书堂教授也参加了。但因苏联教科书的影响太深，而中国社会主义的实践又太短，从编出的大纲草稿来看，虽然形式上是模仿《资本论》的生产、流通、再生产的逻辑顺序，但实际上仍是苏联教科书的翻版，从生产资料公有制谈起，加上了中国的社会主义改造，然后仍然是各种干巴巴的经济规律的罗列和中、苏经济政策的描述，没有跳出苏联教科书的旧框框。

1958年，毛泽东主席在大跃进热潮的鼓舞下，要求中国理论界编写出社会主义中国的政治经济学教科书。并且发动群众，各省都要编写一本。当时天津隶属于河北省，省委宣传部组织了一批人开始编书，谷书堂教授是业务负责人之一。这是他第一次参加并主持政治经济学教科书的编写。这个编写过程持续了二三年，中间由于反右倾斗争，编写过程曾一度停顿。他也因主张生产价格论而被党内定为"严重右倾"，从而中止了主持编写工作，改由他人负责。1963年中共河北省委宣传部几经周折和调整也印出了一个草本。从内容上看仍是苏联教科书的修补，只是不伦不类地塞进了"人民公社、大跃进、总路线、鞍钢宪法"及其他一些中国政府当时推出的经济政策。

2. 控制下的实践，禁锢中的探索

当时的经济学家们，包括青年谷书堂，在探索社会主义政治经济学理论体系方面确已做出了巨大的努力，但由于实践不充分（实际上是刚刚开始），理论上不可能是完善的，这是最根本的制约，即使其他条件都具备，也不可能有太大进步。谷书堂教授在回顾 20 世纪 50—60 年代的研究时，曾不无感慨和惋惜地说，这段时期花在体系结构问题上的时间和精力实在太多了，但收效甚微，几乎没有多少进步。究其原因，"最主要的是社会主义作为一种经济形态发展远不够成熟，其内部生产关系和生产力之间的矛盾尚未充分展开，从而限制了人们的视界，这种情况使抽象思维的进行碰到了现实基础不足的巨大矛盾"，因而五六十年代的传统社会主义政治经济学的不成熟，理论体系的不完善，甚至不成其为"体系"，也就是可以理解的了。

"文化大革命"时期，社会主义政治经济学"上海本"是在"四人帮"及其在上海的同伙统治时期编写的。谷书堂教授认为这本书"把阶级斗争作为一条主线贯穿全书，似乎社会主义时期的政治经济学主要是研究阶级关系和阶级斗争的，这显然不符合社会主义社会发展的客观实际。"他愤怒地谴责说，"四人帮"的干扰实质上把社会主义政治经济学送进了死胡同，推上了绝路，从根本上也葬送了这门科学。思想练达的中年谷书堂，清醒地意识到当时还不具备进行真正的科学研究的条件，政治经济学（社会主义部分）的体系结构和理论观点都不可能有真正的进展。除了"四人帮"的思想禁锢和控制之外，他认为对政治经济学的研究对象、内容、范围及主线等在理论上还没有被突破，反而在"四人帮"的干扰下愈益狭窄。然而，谷书堂教授已隐隐地感觉到，物极必反，科学研究的春天可能快要来临了，对政治经济学（社会主义）的客观、公正、自由的讨论的时候已经为期不远了，他盼望着这一日早日到来，期盼着在他选定的人生道路上有更大的成就，即对经济学理论及其体系有更大的贡献。

3.《北方本》畅销，呈明显突破

粉碎"四人帮"以后，谷书堂教授虽年逾半百，但他精神焕发，精力充沛，全身心地投入到他所热爱的经济理论研究事业中。1978 年，国家教委在武汉开会，决定以民办公助的形式由中国南、北两地各大学分别组织编写一本社会主义经济学教材。北方编写组由最初的 13 所扩充为 14 所大学组成，谷书堂教授和宋则行教授担任主编。在这本书的编写过程中，谷书堂教授和宋则行教授对编写的指导思想、编写方案的设计，特别是对整个理论体系的构思等，都起了主导作用。至此，他与"大家本着解放思想和实事求是的精神，伴随改革开放的进程。""真正开始以实事求是的科学态度研究中国的经济理论，并试图写出系统的社会主义经济理论著作。"

谷书堂教授对《政治经济学（社会主义部分）》即"北方本"的编写倾注了大量心血，在数次编写和修订过程中他都起了主导性的影响。"北方本"于 1978 年 12 月出版。该书在许多方面都比过去年代流行的教材有较大突破。（1）把研究对象范围限定在当前所处的不发达社会主义阶段，而不是不切实际地针对整个社会主义历史时期。（2）较早地提出了有计划的商品经济的思想，为社会主义市场经济的提出做了铺垫；（3）把物质利益作为贯穿全书的主线，这与苏联教科书和"文革"时期的各种版本相比是较大的突破。当时的经济理论界对谷书堂教授主持的"北方本"还是给予了充分的肯定，特别是对该书的主线和以过程法安排的体系结构给予了肯定。谷书堂对"北方本"的修订和在探索社会主义经济学理论体系过程中，对制约体系结构的研究对象的认识也有所思考。他认为社会主义政治经济学的研究对象除了生产关系之外，还应包括生产方式，而这里的生产方式是生产关系和生产力的结合部。该书在体系结构上突破了专题排列法，也有别于"四环节法"，采用了生产、流通、再生产的"过程法"。客观地讲，不论是当时还是今天看来，"过程法"比环节法更优越些，这是因为"过程法"更适合于动态研究，也便于运用从抽象到具体、从简单到复杂的方法。另外，采用"过程法"有利于把社会主义生产组织与管理方面的内容吸收进来，使理论内容更丰富。显然，"北方本"较之过去的版本及同时期和稍后出版的其他版本来说，确有不少突破之处。

谷书堂教授在探索社会主义政治经济学理论体系的过程中，对制约体系结构的研究对象的认识可以描绘成"三部曲"：第一步，他接受斯大林的观点只研究生产关系，并把生产关系归为同志式互助关系；第二步，他以经济利益关系取代和批评把生产关系仅仅归结为同志式关系或阶级关系；第三步，他认为社会主义政治经济学的研究对象除了生产关系之外，还应包括生产方式，而这里生产方式是生产关系和生产力的结合部。

4. 理论开放，《通论》体系更成熟

谷书堂教授具有思想上的开放性和对不同观点兼收并蓄的大家风范。在谷书堂教授思想的演变过程中，不少学者的思想都对他产生过影响。如孙冶方的思想、薛暮桥的思想以及其他若干中国经济学家的思想，都使他受益匪浅。其中关于政治经济学研究对象应包括生产方式的观点，就是受到思想活跃、敢于坚持真理的一位同事的启发。他最初不同意这种观点，仍坚持生产关系论，但在讨论中逐渐受到他的影响，以致最后接受了这一观点。谷书堂教授思想开放性的另一表现，是他对外来思想批判性地接受。自改革开放以来，思想解放使大量外国经济学著作纷纷涌入国内。先是东欧各国的改革派思想，如兰格、锡克、布鲁斯、诺夫、柯尔奈等等，他们关于经济模式、改革方向等方面的思想，都对谷书堂的思想演变产生过影响。后来，西方经济学中各流派强调市

场经济、强调国家调节的思想，以经济效率和运行为主要线索的思想，以及按微观、宏观、封闭、开放的顺序安排体系结构的方法，都对谷书堂教授有启发。然而，他认为外国经济学不可能完全符合中国的国情。曾经有学者尝试按西方经济学的思路编写一本社会主义政治经济学，他阅后在对这种努力给予肯定的同时，又对它对中国经济的适用性深表怀疑。尽管如此，这些尝试及西方经济学思潮无疑对谷书堂教授的思想变化是发生过有益的影响的。

1989 年出版的《社会主义经济学通论——社会主义经济的本质、运行与发展》（以下简称《通论》）是谷书堂教授关于社会主义政治经济学理论体系探索过程的一个重要里程碑。《通论》是一部基础性学术专著，此书不仅在研究对象和方法方面，而且在体系结构和基本原理方面都做了大胆尝试，并相应地提出许多新见解、新观点和新思路。

该书把当代社会主义经济作为贯穿全局的研究对象，把政治经济学视同经济学。经济增长与发展本质上是属于生产力的范畴，它始终与一定的经济制度和运行方式结合在一起。在不同的社会制度下，生产的发展和变动固然会呈现出不同的特点，但其本身也有着固有规律，这些都应纳入政治经济学的研究范围。这是由社会主义经济发展的需要决定的，也是政治经济学本身的应有之义。当然这里的政治经济学与经济学是同义语；该书重新确定了社会主义政治经济学的研究对象，重新表述了社会主义经济的本质，概括了计划与市场内在统一的运行机制，其体系和内容已远非传统社会主义政治经济学所能比拟和容纳了；提出了宏观经济运行机制模式并构造了国民经济增长模型；该书在框架安排上吸收了当代西方制度经济学、微观经济学、宏观经济学、发展经济学等理论的科学成分，根据当代社会主义经济现实概括出一个新的综合理论体系,使它成为社会主义经济理论研究的基础性著作;

从方法上看，该书在马克思主义的历史唯物主义的指导下借鉴了现代西方经济学研究中的实证方法、规范方法、计量分析、比较分析、短期长期分析、均衡非均衡分析等，为研究中国现实生活中存在的不发达的当代社会主义经济服务。这部书尽管还有一些不足和缺陷，但可以说是较好地融合了中西方理论的一部"适合于中国当今实际要求的社会主义经济学。"从总的结构框架看，它的确令人耳目一新，在 20 世纪 80 年代中后期是具有相当的超前性的。

进入 90 年代以后，谷书堂教授关于政治经济学理论体系的思想仍在发展，特别是 1992 年关于社会主义市场经济的体制改革目标确定之后，他的思想又有前进。1995 年出版的《社会主义政治经济学新论》（以下简称《新论》）可以说是对《通论》中阐述的思想体系的进一步完善和简化。"我特把此书定名为《新论》，它的新意就在于它既反映了社会主义的特点，又以市场运行为基础。全书分制度、微观、宏观三篇，书中仍保留了经济增长的主要内容，但没有把它单独分离出来，而是结合在运行中展开论述的。"《新论》整体上可看作是《通论》的简写本，因而《通论》中的总体优势仍在《新论》中保留着。此外，其长处还有：（1）《通论》是按制度、微观、宏观、发展的次序安排体系的，虽然其内在逻辑是清晰的，但在具体处理上多少有板块之嫌，因而可将它的体系安排法称之为"利益、效率、运行"综合法。而《新论》中明确地使用了"运行法"，加强了形式上逻辑的一致性。比如三篇的题目分别是："经济运行的制度前提和体制背景""微观运行主体与现代市场""宏观经济的运行与调控"。（2）《新论》的章节安排有新意，比如开篇第一章是生产力发展的历史作用，然后才讨论商品经济、经济制度、体制等，这可能与他在该书中特别强调"以历史唯物主义为基本指导思想，阐明经济制度和经济体制形成的决定因素是生产力和生产关系"有关。这种安排颇具匠心，其初衷可能是试图把生产力和生产关系相统一的分析体现在经济运行的各个环节中（虽然事实上并未完全达到），这从《新论》中取消了对经济增长与发展的专篇论述可以说明。无论如何，这种安排和调整说明这是一本逻辑体系更严谨的经济学著作。

5. "过渡经济学"的拓路先锋

谷书堂教授在探索社会主义政治经济学过程中的每一步，他都付出了不懈的努力。从研究对象看，他从认可生产关系中的同志互助关系，到批判把生产关系归结为阶级关系，又一度强调生产关系中的物质利益，隐含着重视生产关系与生产方式的统一，到最终强调研究整个社会主义经济，走过了一个曲折的过程。从安排体系来看，他从批判规律排除法，到批判专题罗列法、"四环节法"，中经突出"过程法"，又并列使用"过程法"与"运行法"，最后到综合运用"运行法""利益法""效率法"，以及又强调统一的"运行法"，也是一个曲折上升的过程。从结构体系框架看，他从接受马列论述加上苏联政策的苏式体系，到批判苏联体系加中国政策的"文革"体系，中间经过尝试生产—流通—再生产的结构，又力图将直接生产与企业—市场与流通—再生产与宏观调控结合一起，再到创立融"经济制度、微观运行、宏观调控、经济发展"于一体的新体系，最后又调整为"运行前提—微观运行—宏观运行"的统一体系，也走过一个艰苦的尝试路程。

这大概就是谷书堂教授在探索社会主义政治经济学理论体系的过程中所走过的主要途径和主要步骤。在这一过程中他探索的方向是始终向前的，但每一步推进都是艰难的；他倾注了全部精力和心血，也取得了令人瞩目的成就。如果用简单的一句话来概括他对社会主义政治经济学的理论体系的贡献的话，可以说：他既是传统社会主义政治经济学体系的拓展、突破者，也是现代社会主义政治经济学的开拓、创新的探索者。

直到去世前几年，谷书堂教授仍在不停地探索和追求之中。

他关心和研究的主要为三大问题：（1）社会主义政治经济学与社会主义经济学的关系，二者之间是否有界限；（2）社会主义经济学与西方现代经济学的关系，即多元经济学与单一经济学的关系，二者将来能否趋同；（3）社会主义政治经济学与发展经济学的关系，二者在社会主义初级阶段是不是一回事。这三大问题都是决定社会主义政治经济学命运和前途的大问题。其中，对于第三个问题，他的思想于近些年又有较大发展，提出了"发展经济学"是中国政治经济学发展的突破口，应当用发展经济学的理论和思路改造和补充中国的政治经济学，使之有血有肉，更贴近实际。毫无疑问，以这样的思想指导社会主义政治经济学的体系框架的设计，必将使之发生全新的变革。

中国社会主义经济在继续发展，政治经济学只能解释和解决现实中提出的问题。中国正在经历双重过渡，即从发展水平看，中国已进入中等收入阶段，正在向高收入阶段过渡；从体制模式看，中国已从计划经济转向市场经济，并向更加成熟的市场经济过渡。处在过渡过程中的社会不可能有成熟的政治经济学或经济学，任何经济理论体系都不可避免地要打上"过渡"的烙印，或者可直接称为"过渡中的政治经济学"或"过渡经济学"。谷书堂教授的贡献就在于他脚踏实地、客观地把这一整个过渡期的一定阶段的历史，以系统的经济理论语言记录下来了，插上路标，筚路蓝缕，开拓前行，由此使他成为一位卓越的中国当代社会主义经济学泰斗而彪炳史册。

2016 年 5 月

谷书堂教授的学术道路及理论贡献

常修泽[①]

谷书堂先生是山东省威海市人，是我国著名经济学家，是全国高校政治经济学学科领军人物之一。历任南开大学经济研究所所长、南开大学经济学院院长等职。他长期致力于社会主义经济理论的研究，在商品经济、价值理论、分配理论和社会主义政治经济学理论体系的构建等方面有诸多建树。《20世纪中国知名科学家学术成就概览》记录谷书堂教授的学术道路及理论贡献如下。

一、成长之路

谷书堂于1925年10月18日出生在山东威海。威海地处胶东半岛东端，20世纪30年代时只有三四万人口，但并不闭塞，从他记事起就有定期的航船通往大连、烟台、青岛、香港等地。中日甲午战争后，清政府与日本签订"马关条约"，威海沦为日本殖民地。1898年又被英国强行签订租约，威海成为英国的"租借地"，与此同时，它也成为一座开放的小城。随着这些列强入侵而来的是宗教、学校及开办绣花工厂等，直到1930年中国才收回威海。

1938年在他上小学六年级时，日军再度侵占威海。威海沦陷后，渔船不能出海打鱼，绣花工厂停工倒闭，人们生活更为困难。

① 作者为国家发展和改革委员会宏观经济研究院教授、博导，曾任南开大学经济研究所副所长，本文发表于中国经济时报2016年3月30日第4版。

1939 年谷书堂 14 岁时由舅父接济到烟台上中学。当时尽管物质生活条件很差，但学校的集体生活，展示给他一片新天地，他喜欢看文艺小说，从中受到启示和教益。渐渐地他有了自己独立的思考，开始对人生有朦胧追求，他渴求知识，憧憬未来，那时想成为一个有知识有学问的人。

1. 选择人生道路

1945 年，当时的社会处在动荡中。由于家庭经济困难，虽然被北京大学、辅仁大学和北京师范大学录取，但未能入学。1946 年，又先后考取西南联大（南开大学）、山东大学、朝阳学院，结果他选择了公费的南开大学。在 1946—1950 年的四年大学生活中，前三年正处于解放战争时期，爱国学生运动风起云涌。正处在人生观形成时期的他，四年的大学生活对他产生了重大的影响。从 1946 年入学到 1949 年，他参加了多次民主学生运动，与大学同伴们切磋交谈，互相传阅一本本进步书籍，这些像土壤对小草的营养，滋润着他的成长。他要把自己投身于一种事业中去，为了理想，为了事业，为了民主和正义，最终他选择了新的社会道路。

2. 崭露学术头角

1949 年 1 月，天津解放。当时谷书堂正值大学三年级的后半期，他的学习和工作也经历了一些周折。1950 年 10 月他从市里重新回到南开，从此开始了他持续一生的教学生涯。1951 年高教部在原燕京大学（即现在北大校址），组织"政治经济学研究室"（师资培训班），从全国各高校抽调二十多位教师，由苏联专家阿尔马卓夫、涅姆斯基和然明等讲课，为期一年。这一年主要攻读《资本论》。他从苏联专家那里听到了社会主义政治经济学的内容，同时有机会与各兄弟院校的同行切磋教学和探讨理论。

1955 年在南开大学科学讨论会上，谷书堂和魏埙教授联合发表了《价值法则及其在资本主义发生发展各个阶段上的作用及形式》的论文，后应上海人民出版社之邀，将这篇论文扩充为一本单行本，约 4 万字，于 1956 年出版发行。文中提出的"社会必要劳动时间二重含义及其价值决定"的理论观点，引起当时经济学界的重视。就在人们的关注中，谷书堂开始初露头角。该论文提出那年，他刚好 30 岁。

1957 年，高教部组织编写全国通用《政治经济学》教学大纲，从全国抽调五位学者，有中国人民大学的宋涛教授，上海复旦大学的苏绍智副教授，厦门大学、东北人民大学和南开大学（谷书堂）三位讲师。后因"反右"运动开始，这一工作虽然半途停顿下来，却使他开始结识了上述几位同行。由此可见，谷书堂在当时被经济学界的认知和学术潜力。

3. 运动屡遭厄运

"反右派"斗争之后，1959 年底"反右倾"运动开始，在校担任系总支副书记的谷书堂突如其来地被定为重点批判对象，并遭停职检查。时年 34 岁的他，正怀着一颗年轻人火热的心，抱着积极进取的态度，对教学和科研满腔热忱地投入其中，这突然的批判无疑是当头一棒。而且，他自己不知错误发生在哪里，也不懂什么是"右倾"错误。就在还没弄清怎么回事时，"严重右倾错误"的结论就已压将下来。这是他平生第一次受到如此的打击。在当时"左"的思想指导下，思想的不通是无法说出来的，他开始新的思索。

1964 年学校里开始所谓的"四清"运动。当时谷书堂的工作被停止，并对他宣布了不准上讲台，不准演讲，不准发表文章的"三不"政策（此后在"文革"期间更受到摧残）。从 1964 年起至 1974 年，谷书堂被迫离开讲坛达 10 年之久。1974 年国家教育部在南开大学经济学系举办"政治经济学进修班"，谷书堂才又出来主讲"社会主义经济理论经典著作"（笔者恰好在这个班上学，对谷老师讲经典著作记忆犹新）。10 年的时间在历史的长河中是短暂的，但在人生短暂的生命过程中又是相当长的，更何况这段时间正是谷书堂一生中的黄金时段。

4. 焕发学术青春

改革开放为学校的教学与科研迎来春天。1979 年初，谷书堂从经济系调到经济研究所担任第一副所长，主持工作。南开经济研究所是国内外知名的研究单位，他在研究所工作期间，大刀阔斧推进了如下工作：一是，配合学校对学科建设和所内研究方向进行了调整和重新配置，新建了相关研究室；二是，调整充实了经济研究所内的研究队伍，把一些有专长的研究人员安排到关键性岗位；三是，从 1979 年开始恢复和扩大招收研究生，一批如今在国内崭露头角、学业有成的中青年学者就是在此后陆续培养的。

1983 年，在担任南开经济研究所所长的基础上，谷书堂出任刚刚恢复建院的南开大学经济学院第一任院长。同时从 1988 年 1 月起重新兼任经济研究所所长职务。他在南开大学经济学院院长任上一干就是 10 年。1993 年末（68 岁），卸任经济学院院长职务。两年后的 1995 年（70 岁），也卸去经济研究所所长职务。

从 1978 年底到 1995 年，他担任院长、所长的这 17 年，既是他为南开大学经济学科发展呕心沥血的 17 年，也是他理论研究大展宏图的 17 年。在这期间，他在商品经济和价值规律、按要素贡献分配理论以及政治经济学（社会主义部分）的理论体系等研究方面取得突出进展。关于这些理论探索的内容，笔者拟在下一部分详细展开论述。

5. 晚年壮心不已

1995 年，在 70 周岁前，谷书堂退出领导岗位。为表彰他的业绩，南开大学经济研究所特制"铜鉴"，以资纪念。两年后，即 1997 年办理离休手续。但他离休而未退休，仍接受学校返聘，他以"老骥伏枥，壮心不已"的精神，依然笔耕不辍，继续发表一些文章，出论文集。在他离休后出版的著作有《政治经济学通论》（修订再版），《政治经济学（社会主义部分）》"北方本"第七版和第八版，以及《社会主义市场经济研究》《经济学在中国的发展路径之探讨》等。

他还给博士研究生上专题课，同时指导校内和校外（深圳博士生班）六名博士。此外，每年他都抽出一定的时间参加学术界的学术活动和少量的讲学活动。他仍在思考中国政治经济学研究的具体道路、政治经济学的目标和对象、范围、体系、结构等。

综上所述，从在南开大学毕业（1950 年）到 2015 年年末，在漫长的 65 年中，谷书堂孜孜不倦、锲而不舍，在社会主义经济理论领域内执着探索。谷书堂先生的夫人伏义琴女士在总结其学术生涯之时，曾选录了袁枚的一首名诗作为结语："七龄上学解吟哦，垂老灯窗墨尚磨，除却神仙与富贵，此生原不算蹉跎"。知夫君者莫如伴侣——"此生原不算蹉跎"——这或许是谷书堂及其夫人几十年相濡以沫、无愧人生的写照吧。

二、学术成就

笔者于1974年9月进入南开大学经济学系政治经济学进修班学习，有幸受教于谷书堂老师主讲"社会主义经济理论经典著作课"（这是他自 1964 年被迫离开讲坛达 10 年之后第一次复出，但尚未落实政策）。毕业后，笔者即参加了谷老师在天津市主持的"政治经济学研究班"（编写政治经济学）。1978 年 12 月中共十一届三中全会后，谷书堂出任经济研究所第一副所长主持全面工作，笔者也随之于 1979 年初正式调入经济研究所从事理论研究。根据自己四十多年之体验，深深感到：谷书堂教授在经济理论研究方面的贡献是多方面的，突出的成就可归纳为以下三大方面，予以重点论述：

1. 关于商品经济、价值规律及其内在机制的理论探索

在谷书堂的经济学研究成果中，关于商品经济、价值规律及其内在机制研究是其最突出的理论贡献，也是其全部经济思想框架的基础。有人形象地说，这是谷书堂的"第一招牌菜"。

（1）20 世纪 50 年代关于社会必要劳动二重含义的探讨。20 世纪 50 年代，在商品经济和价值规律的作用在中国还未得到应有承认时，谷书堂与魏埙教授一起撰写了《价值法则在资本主义发生与发展各个阶段中的作用及其表现形式》一文，提出了"两重含义的社会必要劳动时间共同决定价值"的观点。文章认为，第二种含义的社会必要劳动时间，即生产社会所需要的某种商品总量所耗费的时间，是整个社会必要劳动时间的不可分割的内容，它在商品价值中同样有直接的基础作用。

此文引起当时经济学界的重视。例如，吴树青在当年《读书月报》第 10 期发表书评，肯定魏埙、谷书堂的观点。同时，该书也引起了一些争论。例如，王章耀、萨公强两学者在《学术月刊》1958 年第 2 期发表题为《关于"社会必要劳动时间"问题——与魏埙、谷书堂、吴树青诸同志讨论》的文章，率先提出不同意见。为此，谷书堂与魏埙合作发表了《就"社会必要劳动时间"的含义答王章耀、萨公强两同志》，正面阐述自己的看法，继之在《学术月刊》第 4 期上，宋承先也发表了《关于"社会必要劳动时间"问题——也与魏埙、谷书堂两同志商榷》。争论双方，指名商榷，你来我往，将 50 年代的这场讨论推向高潮。

从新中国经济理论史的角度分析，由这篇论文引起的关于两重含义的社会必要劳动时间决定价值问题的学术争论，是新中国成立以来较早展开的一场较大范围的经济学大讨论，而魏埙、谷书堂则是这场经济学大讨论的引发者。

特别是，在论文中，魏埙、谷书堂还提出了社会主义条件下也应大力发展商品生产的思想，这是很有前瞻性的。

（2）20 世纪 60 年代关于"价值决定"的再探讨。1959 年，谷书堂与魏埙合著的《价值规律在资本主义各个阶段中的作用及其表现形式》在上海人民出版社出第二版，结合前述理论界的讨论，作者对有关"社会必要劳动"的部分进行了充实和改写，进一步明确了第二种含义的社会必要劳动时间参与价值决定的观点。继之，1961 年该著作又发行了第三版。

该著作第三版出版后的转年，即 1962 年，谷书堂与中国人民大学的林兆木（后任国家发展和改革委员会宏观经济研究院常务副院长）、厦门大学的吴宣恭联名就此问题在《光明日报》上先后发表了《试论价值决定和价值实现》《关于价值决定与价值实现的再认识》两文。这是两篇观点不同的文章。前文，谷的"认识出现反复"，但事过不久，在后文中"又回到原先的观点上来"。

这一阶段，围绕着两种含义的社会必要劳动与价值决定问题，又展开了新一轮的讨论，吸引了众多学者（如著名学者骆耕漠、张卓元、卫兴华、曾启贤、孙膺武等）开展了更加深入的研究讨论。尽管这场讨论并未取得一致意见，却吸引了更多学者投入到关于社会主义商品货币关系与价值规律等问题的深入研究和探讨中来，对后来的社会主义商品经济理论与实践产生了较大影响。

（3）20 世纪 80 年代前后关于社会主义商品经济的探讨。1978 年 12 月，中国改革开放开始，但经济体制改革的理论依据是什么？亟待理论探索。就在改革开放开始不久，由他主持（杨玉川、常修泽二位参加）完成的"六五"期间国家重点科研项目——"中国经济体制改革理论依据研究"，先作为内部研究文稿报中央有关部门参阅；后凝结为一部专著《社会主义商品经济和价值规律》在上海人民出版社出版。在内部研究文稿和专著中，系统提出了"社会主义商品经济"的思想，主张"中国经济体制改革应以商品经济和价值规律理论作为依据"。全国哲学社会科学规划领导小组在总结报告中高度评价此书是"一部带有开创性的学术著作"。

在此期间，谷书堂个人发表了《论价值规律在社会主义商品经济中的调节作用》（1979 年），提出社会主义经济是公有制基础上的有计划的商品经济。尽管这里尚有"有计划"字样，但其实质上是商品经济，这相对于 50 年代他关于商品生产和商品交换的观点而言，无疑是一个飞跃，并成为我国最早明确提出社会主义商品经济性质的经济学家之一。

在同年提交全国价值规律讨论会的论文《重新认识社会主义经济中的商品生产和价值规律》中，谷书堂提出了全民所有制企业之间的"商品关系论"，从而为论证社会主义经济也是商品经济提供了有力论据。

继而，1982 年，谷书堂、杨玉川合作发表《对价值决定和价值规律的再探讨》一文。该文指出，决定价值的必要劳动时间，即指单个商品生产上所耗费的社会必要劳动时间，从总体上看，也是指符合某种社会需要的商品的总量的社会必要劳动时间。此文获《经济研究》创刊 20 周年优秀论文二等奖。

特别是 1989 年，针对当时理论界出现的怀疑甚至否定社会主义商品经济的倾向，谷书堂与笔者合作在《经济研究》上发表了《社会主义与商品经济论纲》，系统阐述了社会主义与商品经济的内在联系，指出社会主义与商品经济并不是矛盾的事物，两者是分属于不同序列的范畴，当然也谈不到根本性的对立。商品经济不属于某种经济制度所特有，而是一种适应性很强或者说是"中性"的生产方式，在此论证基础上，强调中国改革必须坚持商品经济的市场取向（与两年后邓小平关于计划与市场的观点不谋而合）。该论文发表后引起关注，《新华文摘》1990 年第 9 期全文转载。在 1989 年底的背景下，坚持这种市场取向是有一定政治风险的，其观点不仅在理论界引起强烈共鸣，而且人们对提出和坚持这种理论的勇气表示钦佩。

（4）20 世纪 90 年代关于社会主义市场经济的探讨。早在 1988

年《社会主义经济学通论》的初稿撰写和《政治经济学（社会主义部分）》的修订中，谷书堂就已经初次使用了"社会主义市场经济"的概念（这与 1992 年党的十四大报告明确提出社会主义市场经济体制的说法也是一致的）。在 1992 年以后，他陆续发表和出版了一系列相关文献（如 1992 年他应《我的市场经济观》邀请，阐述他对市场经济的看法）。在这些文献中，他探讨了社会主义市场经济的一系列重要问题，为中国改革提供了有力的理论支撑。

2. 按要素贡献分配理论

传统的社会主义经济理论一直把"按劳分配"当作是社会主义社会的唯一分配原则和特征。然而，这种传统理论与社会主义市场经济的实践并不完全相符。实践向理论提出了挑战：在社会主义阶段，究竟应确立怎样的收入分配原则？谷书堂对这一问题进行了思考。在对传统的社会主义分配理论进行反思的基础上，他逐渐形成了自己的"按贡献分配"的思想。史料表明，这一思想并不是在改革开放以后才萌生的，是在其长期学术探讨的过程中逐步产生、发展并形成的。

（1）20 世纪 50—60 年代对社会主义条件下物质利益关系的探讨。1956 年，谷书堂与蔡孝箴合作撰写了《论物质利益原则及其在解决国家合作社和社员之间的矛盾中的作用》一文，于 1957 年公开发表。此文是立足于"作为生产力基本要素的劳动者的积极性的发挥"这一基点来讨论物质利益的。文中指出：在社会主义社会中，由于"劳动还没有成为人们生活的第一需要，它们主要还是谋取生活的手段。换言之，劳动者仍旧需要物质利益的刺激。"基于这种认识，该文提出了"谋求个人物质利益是人们从事物质生产活动的主要目的，因而劳动者在生产中也需要获取物质利益"的观点。他们把此概括为"这就是社会主义的物质利益原则"，并由此得出结论，"它是社会主义社会的一个根本经营原则"。这可以说是谷书堂"依据基本的物质利益原则来按贡献分配"思想的初始萌发，从此他走上了探索"按贡献分配"的学术道路。

（2）20世纪70年代末期关于"按劳分配"的探讨。1976年粉碎"四人帮"之后，从1977年开始，中国经济学界开展了"按劳分配"问题的大讨论，当时讨论的焦点是"按劳分配是不是物质刺激""物质刺激是不是修正主义"等当时较为敏感的话题。这场讨论由老一辈经济学家于光远等组织，在京借北京市委党校地点讨论，谷书堂积极参加讨论，并在此阶段撰写理论文章。比较有影响的是他与佐牧、汤在新合作在《红旗》杂志发表的关于批判"四人帮"歪曲"按劳分配"理论的文章。通过讨论，确认按劳分配是一种协调经济利益关系的分配制度，重新肯定物质刺激这种能够体现社会主义分配关系的激励手段。谷书堂在50年代基于物质利益原则而形成的"按劳动贡献分配"思想在此时被激活。

（3）20世纪80年代对于按要素贡献分配思想的探讨。1984年中央提出"有计划的商品经济"后，谷书堂即在次年召开的第一届全国高校社会主义经济理论与实践学术研讨会上，做了"按劳动贡献分配"的发言。此后，他进一步从市场经济考虑，联想到其他生产要素在产品生产中的贡献，认为只要生产要素还具有不同产权的存在，它对回报的要求便是必然。

1988年12月，他与蔡继明合作完成《按贡献分配是社会主义初级阶段的分配原则》，并将该文提交纪念十一届三中全会十周年理论讨论会。文章指出，社会主义现阶段的个人收入分配原则应该是按生产要素贡献分配，除了主要按劳动贡献分配，还应包括其他形式的分配，即非劳动要素参与的分配；其中，各种生产要素的边际收益可以相对地表现各种生产要素在生产中的实际贡献。这是我国学者第一次较为系统地阐述按要素贡献分配的思想，文章发表几年后引发了1995年4月专门讨论劳动价值论的全国性学术研讨会，推动了中国经济学界关于按贡献分配理论的发展。

（4）21世纪初关于"收入差距过大"问题的探讨。随着"劳动、资本、技术和管理等生产要素按贡献参与分配的原则"在体制上和政策上得到社会的认可，现实中的收入分配差距过大以及非劳动收入性质等问题，也引起了社会的高度关注和激烈争议。谷书堂注意到这一问题。1995 年在"北方本"修订版中，他就提出注意财富分配的"累积效应"问题（即富者愈富的问题）。此后，又撰写了《价值创造、产品分配和剥削关系的嬗变》等文章，阐述了他的看法：在转型时期，虽然从中国社会的整体来看占主导的部分已不再具有剥削的关系，但在非主要部分、在逃避法律制约的一些地方和单位，对抗的关系并没有完全消除。而且，随着改革开放带来的社会基层结构的巨大变化，我国居民收入差距确实进一步拉大。他建议大力加强和完善社会保障体系，切实提高低收入阶层的最低收入水平；从长远看，应扩大中间收入阶层的比重，并重视城乡职业教育等。上述观点表明，他不仅主张经济的市场化，而且注重社会的公平和正义，体现了一位经济学家可贵的人文情怀。

3. 对政治经济学（社会主义部分）理论体系的探索

谷书堂作为长期从事政治经济学研究和教学的著名经济学家，对政治经济学（社会主义部分）情有独钟，为建立政治经济学（社会主义部分）理论体系不懈探索。

（1）主持编写政治经济学（社会主义部分）"北方本"。早在1959 年，谷书堂就参加了河北省委宣传部组织的政治经济学社会主义部分的编写酝酿工作（后因"反右倾"运动谷被批判而未能继续参加）。1975 年到 1977 年他还在天津市委党校主持"政治经济学研究班"，系统研究政治经济学的理论体系，但当时受政治环境所限，编写工作无法实现，后来也因地震等自动停止。

粉碎"四人帮"以后，经济学界迎来科学的春天。1978 年国家教委在武汉召开会议，决定由中国南北两地分别组织编写政治经济学教材。南方本由复旦大学蒋学模和厦门大学吴宣恭负责主编,"北方本"由南开大学谷书堂和辽宁大学宋则行担任主编（辽宁大学章宗炎和南开大学朱光华担任副主编）。经过在北京、沈阳等地的讨论修订,"北方本"于 1979 年 12 月出版。这本书被教育部定为全国文科院校统编教材,后来获国家教委优秀教学成果奖。

从政治经济学理论来说,"北方本"的贡献是多方面的,突出的有:

其一,该书把研究范围限定在中国所处的不发达的社会主义阶段,而不是不切实际地针对所谓整个"社会主义历史时期"。

其二,把物质利益关系作为《政治经济学（社会主义部分）》的主线,按照生产、流通和再生产的"过程法",探索社会主义特有的国家、集体和个人之间的物质利益关系及其经济规律在各个过程作用的特点和形式。

其三,把研究对象锁定为社会主义生产方式及与其相适应的生产关系和交换关系;而这个生产方式指的是生产力和生产关系的统一,也就是社会主义的社会化大生产。

其四,书中较早地提出了有计划的商品经济的思想,为社会主义市场经济的提出做了铺垫。

以上尝试,可以说是对传统的政治经济学（社会主义部分）体系结构的"根本改造"（在他 1988 年主持撰写的《"北方本"第三次修订会述评》中,明确提出了"政治经济学社会主义部分的根本改造"的命题）。

自 1979 年 12 月出版第 1 版到 2003 年,《政治经济学（社会主义部分）》共出版了八版,发行逾 150 万册,为我国社会主义政治经济学理论体系做出了重要的贡献,由此谷书堂也成了政治经济学（社会主义部分）全国性的领军人物之一。

（2）主持编写《社会主义经济通论》。在不断修订和再版"北方本"的过程中,由谷书堂主编的《社会主义经济学通论》在研究对象和框架体系上进行了拓展和革新。《通论》围绕社会主义经济的本质、运行与发展，建立了包括经济制度（经济体制）、微观经济运行、宏观经济运行以及经济发展等主要内容的全新理论体系。该书由上海人民出版社出版后，获得各界好评，获天津市社会科学优秀成果一等奖。

（3）提出构建"转型期中国经济学"。进入20世纪90年代中期以后，"中国经济学向何处去"成为中国学术界探讨的问题。谷书堂在此时期提出了构建"转型期中国经济学"的理论观点。以"经济转型"为理论轴心的"转型期中国经济学"正在创建过程中。

除以上三大理论贡献以外，谷书堂还在经济体制改革理论、特区经济和对外开放理论、国有企业产权改革理论、经济增长理论等方面也有深入研究，并发表一批成果。因篇幅所限，不再一一论述。

2009年8月，长达157万余字的《谷书堂文集》（上下卷）由经济科学出版社出版。这是谷书堂多年从事社会主义经济学理论研究的集中总结，也是新中国六十年经济理论进展的一个缩影。透过这个文集，我们可以看到一个忠诚的知识分子探索真理的脚步和心路历程。

2013年，由张卓元、厉以宁、吴敬琏三位经济学家主编的《20世纪中国知名科学家学术成就概览》（经济学卷·第一分册），由科学出版社出版。书中载有"谷书堂篇"，记叙谷书堂作为一位理论经济学家的生平和学术成就。此书的出版和前一年在学校获"荣誉教授"并被授予"特别贡献奖"，对其一生科研教学工作画了一个圆满的句号，标志着中国学术界对谷书堂几十年学术成就和历史定位的充分肯定。

2016年3月

谷书堂教授对价值规律理论的探索与贡献

常修泽[①]

谷书堂教授长期致力于社会主义经济理论的研究，在商品经济、价值规律、按贡献分配和社会主义政治经济学理论体系的构建等方面有诸多建树。其中，在价值规律理论研究方面，一直站在中国经济学界的前列：20 世纪 50 年代，曾提出"两重含义的社会必要劳动时间共同决定价值"的理论观点，引起经济学界第一波大讨论；20 世纪 60 年代，再论"价值决定"，引起经济学界第二波大讨论；20 世纪 80 年代初期，完成并出版国家重点课题《社会主义商品经济和价值规律》，再度探讨价值规律，引起经济学界第三波大讨论。谷书堂教授不仅是这三波大讨论的引发者之一，而且是争论中重要观点的代表者之一。这三波大讨论，为此后我国在实践中按商品经济和价值规律理论推进市场化改革，提供了必要的理论准备和智力支撑。

笔者于 1974 年 9 月入南开大学经济系政治经济学进修班学习，有幸聆听谷书堂老师主讲"社会主义经济理论经典著作课"；毕业后又跟随谷老师在其主持的天津市"政治经济学研究班"学习（编写政治经济学）；特别是 1979 年初正式进入南开大学经济研究所后，直接在谷老师指导下从事经济理论研究（参加研究的第一个国家重点课题就是《社会主义商品经济和价值规律》）。根据四十多年的亲历和体会，笔者认为，谷书堂教授关于价值规律

---

① 作者为国家发展和改革委员会宏观经济研究院教授、博导，曾任南开大学经济研究所副所长，本文发表于《价格理论与实践》2016 年第 6 期。

理论的探索及其贡献，主要体现在四个方面：（1）提出"两重含义的社会必要劳动时间共同决定价值"；（2）从"费用与效用关系"和"物质利益"双重角度阐述价值规律是商品经济的基本规律；（3）关于社会主义制度下价值的转化形态：主张"不完全的生产价格"；（4）力主按商品经济和价值规律理论推进中国的经济体制改革。这些学术探索，不仅对国家的改革发展和经济理论体系建设做出了贡献，而且也给理论研究提供了若干重要启示和教益。现根据自己掌握的第一手资料，并上溯到 20 世纪 50 年代和 60 年代初期谷老师的其他学术史料，论述如下。

一、提出"两重含义的社会必要劳动时间共同决定价值"

这应是谷书堂教授在探索价值规律理论方面第一位的贡献。从笔者掌握的资料看，围绕这一问题，曾引发了国内经济学界三波大讨论。

1. 20 世纪 50 年代：率先系统提出"两重含义的社会必要劳动时间共同决定价值"，并引发第一波大讨论

谷书堂教授曾说，他对商品经济和价值规律的关注，"最早可追溯到 1954 年，是由于在教学中碰到了垄断价格这个困扰的难题引起的。出于对马列主义的崇拜和信仰，对商品经济的研究最初是从学习和研究马克思主义政治经济学开始的。"1954 年，是其着手研究商品经济和价值规律的历史起点。

20 世纪 50 年代中期（1954 年、1955 年、1956 年），中国学术界空气相对比较宽松。一则，国际上尚未爆发"匈牙利事件"（1956 年 10 月）；二则，国内尚没有开展"反右派"斗争（1957 年 4 月开始），当时也尚未提出阶级斗争的问题（据笔者所读到的史料，第一次提阶级矛盾和道路矛盾为"我国社会的主要矛盾"，是在 1957 年 9 月中共八届三中全会）。中共八届三中全会之前，中央要求"全党要来搞建设，要学科学，研究科学"。整个社会有一种"研究科学"的氛围，这一点十分重要。

就在这种社会氛围中，在 1955 年南开大学学术讨论会上，经济系两位政治经济学教师魏埙与谷书堂一起发表了《价值法则在资本主义发生与发展各个阶段中的作用及其表现形式》一文（魏为第一作者，谷为第二作者），提出了"两重含义的社会必要劳动时间共同决定价值"的观点。该论文载于《南开大学学报》1955 年第 1 期。转年，即 1956 年，应上海人民出版社之邀，魏、谷以此文为基础，将其扩充为一单行本，约 4 万字，正式出版发行，书名为《价值规律及其在资本主义各个阶段中的作用及其表现形式》。这是魏埙与谷书堂二位的成名之作，是南开大学政治经济学学科两位学术带头人合作的理论结晶。论文在《南开大学学报》发表时，魏埙先生 36 岁，谷书堂先生小于魏先生 6 岁，恰好"而立之年"。

那么，在 1955 年以前，甚至在 1949 年 10 月新中国成立之前，是否有学者提出过"两重含义的社会必要劳动时间共同决定价值"呢？据笔者掌握的史料，安徽师范大学学者孙膺武先生曾在 1949 年 4 月《文汇报》撰文，论述关于"两重含义的社会必要劳动时间共同决定价值"的观点。1983 年 2 月在厦门举办的"纪念马克思逝世 100 周年学术讨论会"（这也是笔者担任讲师后，第一次出席全国性学术讨论会）期间，主办单位举办了《资本论》研究成果展览，笔者曾亲眼看到过孙膺武先生的这篇论文，并且有幸与孙先生做过交流。但是，因 1949 年 4 月正值解放战争时期，全国尚未建立统一政权，兵荒马乱，加之孙膺武先生的文章很短，未能充分展开论述，故未引起学术界重视。孙膺武先生对此是认同的。笔者在为《20 世纪中国知名科学家学术成就概览》（经济学卷·第一分册，科学出版社 2013 年版）撰写"谷书堂篇"时，曾记述了这一段学术往事，肯定了孙膺武先生的贡献。

魏埙与谷书堂的论文和单行本明确指出：第一种含义的社会必要劳动时间，即马克思在《资本论》第一卷中阐述的"在现有的社会正常的生产条件下，在社会平均的劳动熟练程度和劳动强度下制造某种使用价值所需要的劳动时间"；第二种含义的社会必要劳动时间，是马克思在《资本论》第三卷中提出的社会总劳动时间中为满足一定社会需要应分配于某一生产部门的总劳动时间。与流行理解不同，魏埙、谷书堂提出"另一方面的理解"。他们认为，不仅第一种含义的社会必要劳动时间，而且第二种含义的社会必要劳动时间，即生产社会所需要的某种商品总量所耗费的时间，也是整个社会必要劳动时间的不可分割的内容，它在商品价值中"同样"具有"直接的基础作用"。此被称为"两重含义的社会必要劳动时间共同决定价值"论。

魏埙与谷书堂提出这一观点后，立即引起学术界的关注。实际上，对此文和单行本可能会引起的争议，魏埙、谷书堂是有思想准备的。正如他们自己所言，"关于社会必要劳动我们提出的另一方面的理解……这个问题是值得争论的，因为它实质上反映了对价值规律这一范畴的理解。不久以前展开的关于价值规律在社会主义条件下的作用的讨论中，就曾出现过对价值规律本身理解上的分歧。"

争论很快展开。一年前在中国人民大学研究生班毕业（1955年）留校任教的吴树青率先撰文赞成，他在 1956 年《读书月报》第 10 期发表书评，肯定魏埙、谷书堂的观点。同时，该书也引起了一些争论。王章耀、萨公强在《学术月刊》1958 年第 2 期发表题为《关于"社会必要劳动时间"问题——与魏埙、谷书堂、吴树青诸同志讨论》的文章，提出不同意见。为此，魏埙、谷书堂合作发表了《就"社会必要劳动时间"的含义答王章耀、萨公强两同志》，正面阐述他们自己的看法。该文中，魏埙、谷书堂首先指出，"这一提法并不是我们新的创造，而是马克思早已在他的著作中提出了的，只是通常不为人们所注意罢了。或者虽然有人可能已注意到，但由于体会不同，从而也可能产生意见的分歧"。

为了阐述清楚起见，他们大量摘引了马克思关于这个问题的有关论述，然后得出基本结论："某种商品生产的劳动总耗费是否符合社会再生产所要求的社会劳动在各个部门的比例分割，也应视为价值规律的要求或'社会必要劳动'的含义，是商品经济发展到更高阶段的必然结果。"

在这里，作者坚持了"价值规律的要求或社会必要劳动的含义"，特别是"两种含义的社会必要劳动共同决定价值"的"共同决定论"的观点，并强调这是"商品经济发展到更高阶段的必然结果"，这些观点是有新意的。当然，作者这里讲的"商品生产""商品经济""商品经济发展到更高阶段"等，还是马克思经典著作中所指的"商品生产""商品经济""商品经济发展到更高阶段"，其与"社会主义商品经济"有所区别。

用今天的眼光来看，提出"共同决定论"是有突破意义的，它实际上指向了传统的计划经济体制，是向先在苏联实行、尔后引入中国的传统计划体制的挑战（或许谷书堂当时并未自觉意识到这一点，否则不会在1963年出现过思想反复）。因为强调"共同决定"，必然意味着供求两种因素在价值决定中起同等作用，这就揭示了价值形成的"黑匣子"，其逻辑结果必然要求由计划价格向市场价格转化（多年后，即1984年"莫干山会议"上，青年学者鲜明地提出了"价格双轨制"的命题。

从新中国经济理论史的角度分析，由这篇论文引起的关于两重含义的社会必要劳动时间决定价值问题的学术争论，是新中国成立以来较早展开的一场较大范围的经济学大讨论，而魏埙、谷书堂则是这场大讨论的引发者，《价值规律及其在资本主义各个阶段上的作用及其表现形式》一书，是他们研究商品生产和价值规律的奠基之作。

2. 20世纪60年代：出版"第三版"并发表两篇观点不同的论文，引发第二波大讨论

1959年，魏埙与谷书堂合著的《价值规律在资本主义各个阶段中的作用及其表现形式》由上海人民出版社再版。结合此前理论界的讨论，作者对有关"社会必要劳动时间"的部分进行了充实和改写，进一步明确了第二种含义的社会必要劳动时间参与价值决定的观点。继之，在1961年又发行了第三版。

该书第三版出版后的转年，即1962年，谷书堂参加了由当时兼任中国人民大学副校长的黄松龄先生（曾任天津市委宣传部部长，与谷比较熟悉）主持的研究室活动。当时中央"七千人大会"开过不久，学术空气有所缓和。参加黄老这个研究室活动的，除中国人民大学徐禾、李云、吴树青、林兆木等以外，还有复旦大学的蒋家俊、厦门大学的吴宣恭、吉林大学的王书相等。在此期间，谷书堂与人民大学林兆木（后任国家计划委员会宏观经济研究院常务副院长）、厦门大学吴宣恭（后任厦门大学校长）一起研读《资本论》中有关价值决定和价值实现的论述，对两种含义的社会必要劳动与价值的关系问题进行了新的思考。三位学者合作完成了一篇题为《试论价值决定与价值实现》的论文（以下简称《试论》），在1963年1月14日的《光明日报》上发表。

1979年6月—8月，谷书堂在沈阳"辽宁大厦"主持编写北方本政治经济学社会主义部分期间，为研究和写作《论价值规律在社会主义商品经济中的调节作用》，曾安排笔者查阅和整理"关于价值规律在社会主义商品经济中的调节作用"的学术资料。在辽宁大学图书馆，笔者找到了谷书堂、林兆木、吴宣恭三位合写的两篇文章：第一篇就是上述1963年1月14日《光明日报》发表的《试论价值决定与价值实现》；第二篇题为《关于价值决定与价值实现问题的再认识》（以下简称《再认识》），刊于同年 7 月 29 日《光明日报》。

当时，笔者仔细阅读了这两篇文章。发现在第一篇文章（《试论》）中，谷书堂老师否定了他 8 年前曾与魏埙一起提出的"共同决定论"的观点，认为这种观点"实际上是把价值和价格，价值形成和价值实现混同了"。文章指出，所谓第二种含义的社会必要劳动时间，只是为一个部门价值的实现规定了一个限界，"它并不直接决定价值的形成，而只是决定价值的实现"。读到此处，学生强烈感到：相对于 50 年代老师所提出的"共同决定论"来说，60 年代这一篇可以说是一次带有某种颠覆性的"修正"。

笔者曾请教谷老师写作的思想变化及延续。他告知我：一论（即《试论》）发表后，他们三人经过了一段时间的反复思考、讨论和斟酌，认为"实现说"和"共同决定说"，都有一定的正确因素，但同时又都有不同程度的片面性。因此，三人又于同年 7 月 29 日在《光明日报》发表了第二篇文章即《关于价值决定与价值实现问题的再认识》。

笔者从《再认识》中看到，谷老师这时又修改了半年前在《试论》中提出的观点。他认为，一个部门实际耗费的劳动究竟在多大程度上形成部门商品的总价值并分摊到单位商品上，这是由第二种含义的社会必要劳动制约和决定的。正是在这个界限之内，通过商品生产者的竞争，各种生产条件的个别劳动时间才形成社会必要劳动时间，从而决定该部门单位商品的价值量。

在这篇文章（即《再认识》）里，谷老师所持的观点，实质上是 8 年前他曾与魏埙一起提出的"共同决定论"，但是在文章中也有同时批评"实现论"和"共同决定论"的内容，逻辑上有待清晰之处。笔者不再展开。

可喜的是，出版"第三版"后的这一阶段，围绕着两种含义的社会必要劳动与价值决定问题，经济学界又展开了新一轮的讨论，一批学者如中国社会科学院张卓元（1962）、中国人民大学卫兴华（1962）、武汉大学曾启贤（1962）、安徽师范大学孙膺武（1962）、中国社会科学院骆耕漠（1964）等参与了更加深入的讨论。尽管这场讨论受到"社教"运动的影响，并未能取得理想的结果，但在推动关于社会主义商品货币关系与价值规律问题的探索与发展上，对十几年后的社会主义商品经济理论与实践是有深刻影响的。

3. 20 世纪 80 年代：重新阐述"共同决定论"并引发第三波大讨论

就在谷书堂与林兆木、吴宣恭联合发表两篇论文的翌年，谷书堂遭遇了人生第二次厄运（第一次是"反右倾"中被定为重点批判对象）：1964 年在所谓"社教"运动中，受政治运动牵连，被宣布为"三不"（不准上讲台，不准演讲，不准发表文章），接着又遭受十年"文化大革命"的摧残。这十几年，谷书堂的学术研究被迫中断了。

蔡继明教授在《谷书堂对劳动价值论的理论贡献：两种社会必要劳动时间共同决定价值说》一文指出："直到 1981 年，当谷书堂教授与杨玉川、常修泽俩人试图对价值规律在我国社会主义条件下的作用展开系统的合作研究时，才又重提价值决定问题"。这里说的 1981 年"重提价值决定问题"，是指 1981 年谷书堂承担了"六五"期间国家重点科研项目《社会主义商品经济和价值规律——中国经济体制改革理论依据研究》的重大课题任务时的"重提"。此课题由谷书堂主持，杨玉川、常修泽二位参加。

1982 年，谷书堂、杨玉川在《经济研究》联名发表《对价值决定和价值规律的再探讨》。该文指出，决定价值的必要劳动时间，即指单个商品生产上所耗费的社会必要劳动时间，从总体上看，也是指符合某种社会需要的商品的总量的社会必要劳动时间。在此文中，谷书堂的观点重新回到"共同决定论"上来。此文获《经济研究》创刊 20 周年优秀论文二等奖。

该文发表后，北京大学王永治（1983）、中国社会科学院王振之（1983）、中国人民大学卫兴华（1984）等学者相继发表见解，由此形成了经济学界有关价值规律的第三波大讨论。

谷书堂教授不仅是这三波大讨论的引发者之一，而且是争论中重要观点的代表者之一。这三场大讨论，为此后我国在实践中按商品经济和价值规律理论推进市场化改革，提供了必要的理论准备和智力支撑。

二、从"费用与效用关系"和"物质利益"双重角度阐述价值规律是商品经济的基本规律

价值的基本属性是什么？谷书堂十分重视恩格斯在《国民经济学批判大纲》中给价值下的定义："价值是生产费用对效用的关系"。他在《社会主义经济理论经典著作选读》课上告诉同学，对此定义马克思是充分肯定的。马克思不仅在《资本论》中多次引用"费用效用关系"，而且称赞恩格斯的那部著作是"天才的大纲"。谷书堂认为，马克思、恩格斯的这个著名论断，深刻揭示了价值的本质以及生产费用和效用在价值决定中的作用。他说，他当年提出"两种含义的社会必要劳动共同决定价值"观点，也是受到恩格斯这个定义的影响。

但是，在阐述"价值是生产费用对效用的关系"的定义时，谷书堂强调对于"物品的价值"这一前缀，不能理解为产品经济中的"物品"。这一点与孙冶方先生的"千规律，万规律，价值规律第一条"的"价值'内涵是不同的。

1984 年，谷书堂教授带领笔者撰写了《评孙冶方关于全民所有制经济"非商品生产"的思想》一文，专题讨论过孙冶方先生

的价值"是产品还是商品"的问题。文中引用了孙冶方先生三个时期的代表性作品：（1）1959年发表的《要用历史观点来认识社会主义社会的商品生产》；（2）20世纪六七十年代的《〈社会主义经济论〉提纲（狱中腹稿的追忆稿）》；（3）改革开放后1979年在"社会主义经济中价值规律问题讨论会"的论文《关于价值规律的内因论和外因论》。连贯起来看，从1959年直到改革开放后，孙冶方先生一直坚持的：全民所有制内部的交换"不是商品交换而是产品交换。"因此，作为孙冶方先生的"千规律，万规律"第一条的"价值规律"，在"这个范围内"不是商品生产和商品交换的价值规律。

而恰恰在"全民所有制内部这个范围内"，谷书堂认为是存在"物质利益"进而存在占有权转移的。早在20世纪50年代，谷书堂就对社会主义条件下的物质利益关系做过探讨。1956年，他与蔡孝箴合作撰写了《论物质利益原则及其在解决国家合作社和社员之间的矛盾中的作用》一文，于1957年公开发表。文中指出：在社会主义社会中，由于"劳动还没有成为人们生活的第一需要，它们主要还是谋取生活的手段。换言之，劳动者仍旧需要物质利益的刺激。"基于这种认识，该文提出了"谋求个人物质利益是人们从事物质生产活动的主要目的，因而劳动者在生产中也需要获取物质利益"的观点。由此得出结论，"它是社会主义社会的一个根本经营原则"。这可以说是谷书堂"谋生手段"导致物质利益思想的初始萌发，从此他走上了从全民所有制内部物质利益角度探讨价值规律的学术道路。后来，这同样因为1964年"社教"运动和"文化大革命"的影响而被迫中断。

即使在这被迫中断期间，谷书堂也并没有停止对价值规律的思考。例如，1974年，笔者在南开大学经济系政治经济学进修班上学期间，谷书堂给我们班主讲"社会主义经济理论经典著作"。他虽然尚未落实政策，背负沉重的政治负担，但依然执着地追根溯源，探索真理。笔者清楚地记得，上学期间他在私下点拨"一根两苗论"。他说，从经典作家"劳动谋生手段"这条根上，本可以长出两棵苗：按劳分配和商品经济。但是，经典作家为什么只讲社会主义条件下的按劳分配，而否认社会主义条件下的商品经济呢?这是一个矛盾。这番话，使笔者内心深处受到极大的震撼，但在那个年代，这个被看作"离经叛道"的观点不可能发表出来。

1979 年 4 月在无锡商品经济和价值规律理论讨论会上，谷书堂提交的《重新认识社会主义经济中的商品生产和价值规律》一文，以及随后在《南开大学学报》发表的《论价值规律在社会主义商品经济中的调节作用》（1979）一文中，从劳动谋生手段进而产生物质利益的角度，深入探讨了社会主义经济中商品经济的原因问题。文章指出，由劳动的个人谋生手段引发的个人物质利益要求和企业的物质利益要求，是全民所有制中商品生产和价值规律存在的内在原因。这一理论成为"物质利益——劳动谋生手段根源论"的代表性观点。由此，形成了他从"费用与效用关系"和"物质利益"双重角度阐述价值规律的完整体系。

三、关于社会主义制度下价值的转化形态：主张"不完全的生产价格"

探讨价值规律的作用，确定理论价格，除了要研究"第二种含义的社会必要劳动时间在价值决定中的作用"外，还要解决另一个重要理论问题，就是"社会主义制度下价值是否存在转化形态"的问题。

在 20 世纪 50 年代末期和 60 年代初期,我国经济理论界曾对这个问题进行过讨论。当时有两种基本观点：一种认为在社会主义制度下价值转化为"生产价格"具有客观必然性，社会主义商品计划价格的基础是"生产价格",而不是原始价值或成本价值抑或综合价值;另一种认为生产价格是资本主义商品经济特有的范畴,社会主义制度下的价值并不存在转化为生产价格的条件,因而社会主义商品计划价格只能以原始价值或成本价值抑或综合价值为基础。

谷书堂教授关于社会主义制度下"生产价格"的研究,起于1962年在中国人民大学研究期间所参加的中国科学院经济研究所"社会主义生产价格"讨论。这个活动是由该所所长孙冶方倡议举办的。据谷老师回忆,当时该所在孙冶方的主持下很活跃,除冶方先生讲演以外,还组织翻译若干本当时苏联新的理论著作,如利别尔曼的《利润论》、马雷舍夫的《社会主义生产价格论》等。孙冶方等在人民大学组织讨论社会主义生产价格论时,谷书堂也曾参加。

也许受此影响,在1963年10月校庆期间举办的学术讨论会上,谷书堂提交了一篇关于"论生产价格"的文章。他当时认为,"社会主义工业生产不会形成生产价格",但认为农业是集体所有制,需要考虑单位的利益,其资金可以转投到利润高的部门,于是提出"在农村公社里可能形成生产价格"的理论观点。

1964年春天,时任中宣部副部长邓力群主持北京双周座谈会,批判孙冶方的生产价格论,让谷书堂也从天津赶来"接受教育"。继之,经北京有关方面与南开大学联手,南开大学经济系也按照批判孙冶方的模式,在系里召开批判谷书堂所谓生产价格论的会议。由于社会主义生产价格论已被定为修正主义观点,因而不可能有正常的讨论。只是在改革开放以后,才在国家重点课题《社会主义商品经济和价值规律》和相关论文中,重新对这一问题进行了探讨。

谷书堂认为,生产价格不是资本主义特有的经济范畴,它是生产社会化基础上商品经济的一般范畴,既适用于资本主义商品经济，也适用于社会主义公有制基础上保留商品关系的经济。在社会主义商品经济中采取生产价格形式不仅不违背价值规律，而且是这个阶段价值规律发生作用的表现形式。但是，回到我国现实经济生活中来，从实际出发，这个理论需要做必要修正，即不完全的生产价格。可以根据现实情况，有选择地采用不同类型的综合利润率。至于在综合利润率中，究竟应以哪种利润率为主，哪一种或两种利润率为辅，以及它们各占多大比重，则应从一个国家经济发展的实际情况出发，而不应以一个死公式去套各种不同的情况。至此，他成为"不完全的生产价格论"的代表之一。

四、力主按商品经济和价值规律理论推进中国的经济体制改革

1979 年春改革开放启动以后，中国面临的突出问题是中国经济体制改革的目标模式问题，即到底是继续按照传统的计划经济体制（或计划经济体制的变形"计划经济为主，市场调节为辅"）惯性运作，还是另辟改革新路?如果走新的体制之路，那么，其理论依据是什么?

1981 年，国家有关部门下达了"六五"期间国家重点科研项目《中国经济体制改革理论依据研究》的重大课题任务。此后，进入该课题的探讨和攻坚阶段。其核心问题是写什么?写"计划经济为主，市场调节为辅"，还是写"社会主义商品经济"?这是一个历史性抉择。谷书堂主张社会主义商品经济和价值规律是中国经济体制改革的理论依据，要以此理论作为主线来写这个研究报告。围绕这个主线，谷书堂、杨玉川、常修泽三人从理论到实践，从国际到国内，从历史到现实，从不同维度对社会主义商品经济和价值规律进行了系统研究。经过三年研究，于 1983 年完成了一

篇 16 万字的研究报告，直接以《社会主义商品经济和价值规律》命名。

该研究报告除前言外，正文共六章：第一章，社会主义商品生产理论的发展和实践；第二章，社会主义商品经济的存在原因和特点；第三章，社会主义经济中的价值规律；第四章，社会主义经济中的价值转化形态；第五章，社会主义经济中价值规律和其他经济规律的关系；第六章，价值规律在社会主义经济中的作用。在报告中，作者系统提出了"社会主义商品经济"的思想，主张"中国经济体制改革应以商品经济和价值规律理论作为依据"。

该成果于 1983 年先作为内部研究成果报送，供中央有关部门参阅。尔后，凝结为一部专著《社会主义商品经济和价值规律》由上海人民出版社出版。全国哲学社会科学规划领导小组在总结报告中高度评价此书是"一部带有开创性的学术著作"。

1989 年之后，理论界出现了一股否定社会主义商品经济的倒退思潮。谷书堂教授曾回忆说，"'六四'风波由于理论界和领导层的思想认识上有反复，在部分领导中对发展商品经济、发展个体经济是否正确产生了怀疑，有的甚至还采取了批判的态度。在杭州举行的会议就是对如何看待商品经济有关问题进行讨论。我觉得不应回避这个问题，也不能因为'六四'风波而不发展商品经济，所以我就针对这一问题与常修泽同志合作写了一篇文章，并请他代表我参加会议。"这篇文章，就是 1990 年提交"杭州会议"，并在当年《经济研究》卷首发表的长篇论文《社会主义与商品经济论纲》（谷书堂、常修泽，1990），《新华文摘》1990 年第 9 期全文转载。

《论纲》的立论依据是"商品经济论"。认为商品经济是"不属于某种经济制度所特有的社会生产组织形式，而是一种适应性很强的或者说'中性'的生产方式。它的'中性'特点表现在既可以和私有制联系在一起，也可以和公有制联系在一起。"这个观点，与两年后即 1992 年春天邓小平关于"计划多一点还是市场多一点，不是社会主义与资本主义的本质区别"、"计划与市场都是经济手段"的观点，不谋而合，从观点到语言都是一致的。

论文所强调的中国改革必须坚持商品经济取向的基本观点，引起强烈反响。谷书堂教授曾回忆说，"会上，对我们支持发展商品经济的论点有些不同意见。会下有的同志说，你们的胆子太大了，这个时候还敢支持商品经济。然而我觉得这没什么可怕的，我们就应该把真理坚持到底。"在 1989 年下半年和 1990 年那种背景下，坚持这种市场取向是有一定政治风险的，其观点不仅在理论界引起强烈共鸣，而且人们对提出和坚持这种理论的勇气表示钦佩。此文对于遏制当时来势迅猛的否定社会主义商品经济的倒退思潮，对坚持中国的市场化改革方向，发挥了一定的历史作用。

五、若干启示和教益

谷书堂教授的这些学术探索，给我们提供了若干重要启示和教益。笔者体会较深的有以下三点。

1. 全面把握，不要抓住经典著作中的"只言片语"做文章

谷老师曾跟笔者说，在有关"两种含义的社会必要劳动与价值决定关系"的争论中，有一个很有趣的现象：争论的几方大都从《资本论》中引经据典，你引这一段，他引那一段，彼此之间打"语录仗"。谷老师说，要全面领会经典作家的思想，不要抓住经典著作的"只言片语"做文章。只有从总体上把握其基本思想，才能得出合乎逻辑的结论。

实际上，魏埙、谷书堂在《价值规律及其在资本主义各个阶段上的作用》中对商品生产和价值规律的研究，是以马克思主义政治经济学为依据的。可贵的是，他并没拘泥于一些马克思主义政治经济学个别词句，而是能够抓住其要害和本质。他认为，商品生产并不是一种独立的经济形态，而是人们之间的一种经济联系形式；商品生产的目的是交换；商品生产和商品交换对于社会生产的发展具有重大作用（这些观点为他以后关于商品经济的研究奠定了很好的基础）。正是基于"商品生产和商品交换对于社会生产的发展具有重大作用"的认知，他们提出了"两重含义的社会必要劳动时间共同决定价值"的理论观点。

谷先生在晚年曾发表了一篇具有总结性的重要文章《马克思主义本质内涵是历史唯物主义观——对马克思主义中国化的几点思考》。他指出三个鲜明观点：

第一，"我认为马克思主义的本质内涵应该指的是他的历史唯物主义观，简称唯物史观。马克思用他的科学思维方法研究不同的对象，所得出的结论自然也是不同的。不分条件地照搬马克思的一些论述和结论，其结果肯定是不会正确的。因此，从实际出发，即从社会发展的最基本动力——社会生产力出发，用辩证的思维分析社会的发展是坚持马克思主义的基本原则。

第二，"另一个值得注意的问题是要辨别真伪马克思主义，现在打着马克思主义旗号的人很多，他们往往抓住马克思在某些特定条件下做出的论断为依据，便以所谓的马克思主义者进行自我标榜，这有很大的欺骗性，人们也很容易受蒙蔽，往往真假难辨。所以我们需要弄清真假马克思主义，才能使马克思主义中国化收到实效。"

第三，关于社会主义政治经济学，"回过头来看，这些具体的零散的研究结果既不完整，更不系统，尽管它有实际的意义，但并不能算是社会主义政治经济学"，只是"中国现阶段经济问题研究"。这些观点对我们从总体上把握马克思主义基本思想体系，具有启发意义。

2. 从实际出发，以实事求是精神"研究实实在在的学问"

谷书堂不仅强调全面把握经典著作内涵，而且注重实际，强调以实事求是的精神，来"研究实实在在的学问"。他曾说："从实际出发，运用马克思主义的历史唯物主义论的科学方法研究实实在在的学问，虽无虚名，却可以收到实效，这不正符合马克思所倡导的实事求是的精神吗？"应该说，这是他60多年治学经验的深刻总结。

他曾讲过1961年到天津郊区王庆坨公社调研的实例。通过调查，他"印证了原来听到的许多关于农村的情况"，确认"主要问题是刮'共产风'，造成农民挨饿"。但为什么出现？他痛切感到这是违背客观规律和否定商品生产和交换造成的。他特别讲述了在这股否定商品生产和交换的"共产风"背景下，上级要求编写社会主义政治经济学的"笑话"。他说："从1949年新中国成立还不满10年，到1958年就宣布我国已进入社会主义。那时我国的生产力水平还很低下，技术水平也很落后，竟然不顾客观发展的需要与可能，强制性地建立起国有制，并把带有浓厚个体农民色彩的小农经济实现了人民公社化。在这种完全不靠谱的经济基础上，编写中国自己的所谓社会主义政治经济学……当然不可能编出任何有价值的内容来。"

改革开放以后，谷书堂教授的研究进入新阶段。为避免出现"共产风"背景下政治经济学的"笑话"，他力倡调查研究，并率先垂范。例如，在1980年暑期，他利用假期时间，带领笔者到威海和烟台重点调查"厂队挂钩，产品扩散"中所涉及的经济关系问题。在此基础上完成的调研报告在《红旗》杂志1980年第23期发表。第二年（1981年）他又利用假期，带领笔者完成了《天津市国营企业实行全额利润分成试点情况的调查》，该调研报告在红旗出版社1982年第一辑刊登。类似事情很多。人们从经济科学出版社2009年出版的《谷书堂文集》（上下卷）中，可以明晓一

位从实际出发、实事求是、"研究实实在在的学问"的经济学家
形象。

3. 严谨治学：既敢于独辟蹊径，又勇于修正自己

马克思曾说，在科学的大道上没有平坦的路可走。2014 年在
笔者主编谷书堂学术经历和学术思想的书籍时，曾设想几个书名，
但最后谷老师选定的是《不平坦的治学路》。根据笔者 40 年师从
谷老师的切身经历，深深感到"不平坦"和"治学"关键词的沉
重分量。这里的"不平坦"不仅包括政治上的厄运，也包括"治
学"中的曲折和反复。

以第二种含义的社会必要劳动时间与价值决定的关系为例，
从 20 世纪 50 年代到 80 年代，谷书堂的理论观点，虽然前后大的
走势是一致的，但中间也出现过较大的反复。前面提到的 60 年代
谷书堂、林兆木、吴宣恭三位在《光明日报》合写的两篇文章《试
论价值决定与价值实现》与《关于价值决定与价值实现问题的再
认识》所出现的反复，就是明显例证。

在回顾上述认识反复的过程时，谷书堂教授推心置腹地说：
"现在回过头看，事情是比较清楚的，问题就出在当时脱离了客观
实际情况而单纯地从马克思的论述中寻找现成答案的方法上，马
克思在论述第二种含义的社会必要劳动时间与价值决定的关系
时，在不同地方的论述是可以做出不同的解释。在这种情况下，
如果只抓住其中某些有利于自己结论的论点来做文章，当然会出
现各执一词的局面，这是不可能真正解决问题的。所以，尽管 1982
年在《经济研究》发表的《再探讨》中补充了一些理论资料，在
分析上也较过去有所加深，但仍然解决不了不同认识的问题。从这
里引出的启迪是，正确的结论只能是密切结合实际转变研究方法"。

难能可贵的是，谷书堂教授从未回避或掩饰自己认识上的反
复。1989 年在编辑其论文集《商品经济与发展中的新体制》时，
他将《价值法则在资本主义发生与发展各个阶段中的作用及其表

现形式》（1955）、《就"社会必要劳动时间"的含义答王章耀、萨公强两同志》（1958）、《试论价值决定与价值实现》（1963）、《关于价值决定与价值实现问题的再认识》（1963）、《对价值决定和价值规律的再探讨》（1982）等相关论文，按照时间顺序，原文照录，"立此存照"，以便使学界更清楚地把握他思维变化的轨迹，并给后人留下研究的课题和空间。这种既敢于独辟蹊径，又勇于修正自己的严谨治学精神，对"学术后人"具有深刻的教益。

上面，笔者论述了谷书堂教授关于价值规律的心路历程。可以看出，为建造价值规律理论这块"基石"，谷书堂教授进行了多么执着的探索。正是在这块"基石"的基础之上，他的政治经济学社会主义部分的理论体系才得以建立起来。

2016 年 6 月

老马识途

——谷书堂教授论马克思主义中国化

乔葆和[①]

本文对谷书堂先生米寿之年发表的重要文章《对马克思主义中国化的几点思考》做点介绍并谈点体会。

一、"谷三刀"——晚年奉献大智慧

我国经济学家吴敬琏有一篇文章和一部文集的名字叫《何处寻求大智慧》。我以为，谷先生在世时发表的最后一篇文章《对马克思主义中国化的几点思考》一文，就凝聚着关乎社会发展、国家兴衰、人民福祉以及中国经济学命运的大智慧。

2013年初秋的一天，我和谷先生在西南村他住宅楼前的桐柿花园相遇。他对我说，前些天参加了在清华大学政治经济学研究中心举行的关于马克思主义中国化问题的研讨会。原来准备到北京去，开会前考虑身体情况，决定不去了，他们来给做了视频，在会上放了。我问讲了什么？他说：讲了三个问题。接着，我们面对面地站在那里，他郑重其事地讲，我全神贯注地听：第一个

---

① 作者是南开大学经济学院教授，谷先生的学生和同事，本文经乔葆和教授修改并授权发表。

问题，什么是马克思主义？第二个问题，什么是假马克思主义？第三个问题，关于社会主义政治经济学问题，现在世界上不存在成熟的社会主义社会，因此不可能编写出一本完整的社会主义政治经济学教科书。现在开设的社会主义政治经济学课程，应该代之以"中国现阶段经济问题研究"。我听完，当即鼓了掌。第二天，谷先生把打印出来的这个视频发言的文字稿给了我一份。我带回家认真阅读，觉得谷先生论述的三个问题都是重要问题、重大问题、原则问题，是一位老党员、老教授、老马克思主义理论家经过六十多年的探索而得出的科学结论，其中总结了马克思主义产生以来近 170 年、俄国十月革命以来近 100 年、中国共产党成立90 多年、新中国 60 多年的历史经验，观点鲜明，内容深刻，不仅在学术上有重大突破，具有重大的理论意义，而且紧密联系当前实际，具有极其重要的现实意义。同时，文字简练，高度概括，感到分量很重，每个问题，每句话，都是沉甸甸的，需要解读。因此，在读完之后，我不揣冒昧地向谷先生建议：做一个对话，加以解释和展开。他说，考虑考虑，并和别的同志，还有万华同志，商量一下。过了几天，谷先生明确地说，可以。我表示我来拟写对话的提纲。可是，天不随人愿，谷先生住院了。为了不让他过于劳累，做对话的事就放下了。从医院回来不久，谷先生又以病弱之躯亲临南开大学经济研究所会议室就这个问题发表演讲。这期间谷先生还给我看了《深圳特区报》发表的他写的《马克思主义本质内涵是历史唯物主义观——对马克思主义中国化的几点思考》一文的剪报，时间是 2012 年 11 月 20 日。2012 年 10月 15 日是他的第八十八个生日，雅称"米寿"。正是在这天前后，谷先生写出这篇文章，向社会奉献出宝贵的精神之米。看得出来，文章和视频发言稿基本内容和绝大部分文字相同，少量的个别的地方有所增减。在经济研究所的演讲是以视频发言的文稿为基础，加以口语化，并做了一些具体说明，看着稿子讲，既不是照本宣科，也不是完全脱稿。文章、视频、谈话、演讲，先后大约一年的时间，论述的都是同样的三个问题，可见是经过深思熟虑的。三个问题表述得尖锐、鲜明、凝练、有力、斩钉截铁、毫不含糊，是谷先生晚年心血的结晶，是他的传世之作，宝贵的精神遗产。谷先生对三个问题的精辟论述，如果用通俗的、具象的、比喻的、简练的语汇来称谓，可以叫作"谷三刀"——谷先生用唯物辩证法的解剖刀透彻地剖析了马克思主义中国化的三个问题。

谷老师、伏老师与本文作者（后右一）及同事和老一代学生。陈玄飞（前右三）从美国洛杉矶提供

二、本与枝：区分马克思主义的本质内涵与其他内容

第一刀，是对马克思主义本身的分析。他说："所谓马克思主义应该从理论的角度来界定，由此我认为马克思主义的本质内涵应该指的是他的历史唯物主义观；至于其他方面的重要内容，包括像《资本论》这样重要的著作，并不能笼统地包含在内。"谷先生强调，"这不是我个人的偏见，马克思本人就是这么明确表述的。"为了证实这点，谷先生引证了马克思在《政治经济学批判序言》里阐明历史唯物主义观的原文，并在其中三段论述下加了着重标志。为了方便读者，下面插入谷先生引证的马克思的原文："……，而对市民社会的解剖应该到政治经济学中去寻找。我在巴黎开始研究政治经济学……我所得到的，并且一经得到就用于指导我的研究工作的总的结果，可以简单地表述如下：人们在自己生活的社会生产中发生一定的、必然的、不以他们的意志为转移的关系，即同他们的物质生产力的一定发展阶段相适应的生产关系，这些生产关系的总和构成社会的经济结构，即有法律的和政治的上层建筑树立其上并有一定社会意识形态与之相适应的现实基础。物质生活的生产方式制约着整个社会生活、政治生活和精神生活的过程。不是人们的意识决定人们的存在，相反，是人们的社会存在决定人们的意识。社会的物质生产力发展到一定的阶段，便同它们一直在其中活动的现存的生产关系或财产关系（这只是生产关系的法律用语）发生矛盾。于是这些关系便由生产力的发展形式变成生产力的桎梏，那时革命的时代就到来了。随着经济基础的变更，全部庞大的上层建筑也或慢或快地发生变革……无论哪一个社会形态，在它们所能容纳的全部生产力发挥出来以前，是绝不会灭亡的；而新的更高的生产关系，在它存在

的物质条件在旧社会的胞胎里成熟以前，是决不会出现的（以上所加的重点标志是引者加的）。所以人类始终只提出自己能够解决的任务。因为只要仔细观察就可以发现，任务本身，只有在解决它的物质条件已经存在或者至少是在形成过程中的时候，才会产生。"这段话就是马克思本人对历史唯物主义观所做的经典表述。谷先生对马克思的历史唯物主义观非常重视。记得，对马克思的这段论述，在 60 年前我们学习政治经济学的课堂上，魏埙先生和谷先生都做过详细、深入、全面的讲解，同学们自己进行了认真的思考和讨论，领会和掌握了其精神实质。有几位同学留在南开大学经济系政治经济学教研室任教。1962 年他们在七千人大会后的讨论会上针对所谓"三面红旗"所做的尖锐批评，以及徐振方写给毛主席的万言书，都是以马克思的这段论述为理论武器的。可是，他们因此被打成了"反党分子"，他们所在的党支部被上级领导部门说成"烂掉了的反革命修正主义堡垒"，在所谓"社教运动"中和"十年浩劫"中遭受打击。谷先生则被打成"黑后台"。但是谷先生始终坚持历史唯物主义观。他关于运用历史唯物主义方法的论述，我们在他的课堂上和演讲里聆听过，在他的著作和文章里阅读过。

谷先生说，"至于其他方面的重要内容，包括像《资本论》这样重要的著作，并不能笼统地包含在内。"因为，"很显然，马克思用他的科学思维方法研究的对象不同，所得出的结论自然也是不同的。"这就是说，研究不同对象所得出的不同结论，不能与历史唯物主义观一概而论。

特别值得指出的是，在这篇文章里，谷先生把作为马克思主义本质内涵的历史唯物主义观和马克思著作的其他方面的重要内容所做的明确的区分，对于学习、理解、掌握、运用和发展马克思主义具有非常重要的意义。在历史上，恩格斯《在马克思墓前的讲话》里说，马克思一生中有唯物史观和剩余价值这样"两个

发现"（《马克思恩格斯选集》第三卷，人民出版社中译本 1972
年 5 月第一版，第 574 页）。列宁说马克思主义有"三个来源和三
个组成部分"（《列宁选集》第二卷，人民出版社中译本 1972 年
10 月第二版，第 441 页），"马克思主义是马克思的观点和学说的
体系"（同上，第 580 页）。谷先生关于区分马克思主义的本质内
涵和其他重要内容的论断，对马克思的观点和学说的体系有了新
的认识，告诉我们，对马克思的"两大发现""三个组成部分"，
不能等量齐观。这一新的认识，既符合马克思的原意，又反映了
马克思恩格斯逝世以后一百二三十年和俄国十月革命、列宁逝世
近百年以及第二次世界大战以后、新中国成立六七十年世界和中
国历史的变化，特别是反映了中国改革开放三十多年来在学习、
研究马克思主义方面的新收获。

　　这里需要说明，谷先生《在清华大学政治经济学研究中心召
开的研讨会的视频发言》里，在强调马克思主义的本质内涵时，
特别指出要运用历史唯物主义的科学思维方法，分析早期资本主
义生产方式所得出的具体结论。我们知道，在 20 世纪 80 年代谷
先生和蔡继明先生合作发表的关于按要素贡献分配的论文，认为，
资本所得至少有一部分是其作为生产要素贡献所获得的报酬，这
样，剩余价值的理论就需要改进。同时，按要素贡献分配的理论
也触及到了劳动价值论。后来，谷先生的思考已经直接进入价值
创造问题。记得，在 2014 年他从医院回来以后，在桐柿花园的矮
墙上，他坐在我的右边（我右耳戴着助听器），用启发的口气对我
说，单有劳动一种要素怎么能创造价值呢？没有其他要素能创造
价值吗？很清楚，他要说的是各种要素共同创造价值。那时他的
体力已经很弱，说话声音不大，我听明白他的意思了，没有让他
多说话。无独有偶，在谷先生逝世后的追思会上，唐杰先生讲到，
谷先生也和他谈过各要素共同创造价值的问题。唐杰说，当时他
问谷先生："那萨伊呢？"谷先生笑了。我想，谷先生提出的各（全）

要素共同创造价值的观点和萨伊的要素价值论是有区别的，既不同于劳动价值论，又有别于萨伊的要素价值论，是在马克思与萨伊之间。显然，谷先生的各要素共同创作价值的观点，也要求对以劳动价值论为基础的剩余价值理论加以改进。于是，就可以理解马克思主义的本质内涵为什么不能把《资本论》笼统地包含在内。

谷先生在阐明了马克思主义的本质内涵是什么和不包括什么的基础上，进一步论述应该怎样运用马克思主义，不能不分条件地照搬马克思的一些论述和结论。因为，"马克思用他的科学思维方法研究的对象不同，所得出的结论自然也是不同的"，不分条件地照搬，其结果是不会正确的。在这里，谷先生还特别指出，"有些情况即便照搬马克思的观点做成了，那也不足以说明它是正确运用马克思主义的结果，因为许多事情成败的因素是很复杂的，特别表现在短期效果方面。"这种情况是屡见不鲜的。谷先生这一见解非常可贵，它概括了丰富的历史经验，有着鲜明的现实针对性。譬如，近百年来，在世界三分之一人口的国度里的，执政党曾经"不分条件地照搬马克思的一些论述和结论"，运用强制的手段，实行国有化，建立起"一大二公"的高度集中的计划经济体制。其结果是阻碍和破坏了生产力的发展，终被放弃，实行改革，社会转型。

依据上述对马克思主义本质内涵的认识，也就是按照马克思的历史唯物主义观，谷先生把坚持马克思主义的基本原则归结为"从实际出发，即从社会发展的最基本动力社会生产力出发，用辩证的思维分析社会的发展"。现在，信仰问题日益受到人们的重视。谷先生的论点可以让我们明确地认识到，历史唯物主义观应当成为我们的最高信仰。

三、真与伪：依据实践检验，辨别真伪马克思主义

第二刀，是辨别真伪马克思主义。谷先生文章的第二节是第一节的延伸和运用，讲辨别真伪马克思主义问题。谷先生说，马克思主义中国化的"另一个值得注意的问题是要辨别真伪马克思主义"；"弄清真假马克思主义，才能使中国化收到实效"。这是一个非常重要而又非常难以解决并且又非解决不可的问题。谷先生以僵化的斯大林模式为例进行分析，并结合论述共产党执政的两个大国的历史经验，运用历史唯物主义观一层一层地揭示僵化的斯大林模式从形成到失败的历史过程、表现和实质、影响和后果，说明辨别真伪马克思主义的重要性、艰巨性、辨别的方法、克服的出路，归结到"根本性改革"；观点鲜明，内容丰富，寓意深刻。下面是我阅读本节的几点体会。

1. 辨别真伪马克思主义的艰难性

谷先生说，假马克思主义"带有很大的欺骗性，人们也很容易受蒙蔽，往往真假难辨。"就拿斯大林模式这个例子来说，从1924 年列宁逝世后斯大林掌权到 1956 年苏共 20 大开始批判斯大林，经过 32 年的时间，从苏共 20 大到 1991 年苏联解体又经过35 年的时间。即使斯大林模式已经垮台，仍然还有人留恋它，怀念它。可见识别真伪马克思主义是多么不容易。困难主要来自三个方面：（1）马克思在某些特定条件下做出的结论，被不分条件地搬用，不易弄清楚。（2）一些关键人物掌握着话语权、处分权，维护既得利益。（3）普通党员和公民的知情权、话语权受到限制，积极性和识别力都难以发挥。这些因素搅和在一起，使得辨别真伪马克思主义非常艰难。就斯大林来说，他利用专政的手段推行自己的主张，对持有不同意见的人实行镇压，控制舆论，封锁信

息，搞"一言堂"。斯大林在消灭反对派的同时就决定要消除过去党史教科书中的不同观点。1938年出版了《联共（布）党史简明教程》，并翻译成包括中文在内的15种文字。其目的就是要让全世界效法苏联的做法，共产国际要求各国共产党人都要认真学习，将该书作为理解苏共党史和马克思主义基本理论的唯一范本。这也严重地影响到中国。毛泽东同志表示"拥护他，拥护他的事业，拥护社会主义的胜利，拥护他给人类指示的方向"（《毛泽东选集》（一卷本），人民出版社1964年4月第1版横排本，第618页）。1941年毛泽东同志在延安整风报告《改造我们的学习》里说"研究马克思主义，又应以《苏联共产党（布）历史简要读本》为中心的材料"，说它"是一百年来全世界共产主义运动的最高的综合和总结，是理论和实际结合的典型，在全世界还只有这一个完全的典型"（同上，第760-761页）。"我们看列宁、斯大林他们是如何把马克思主义的普遍真理和苏联的具体实践互相结合又从而发展马克思主义的，就可以知道我们在中国是应该如何工作了"（同上，第761页）。1945年毛泽东同志在中共七大上提出要读的五本书，1949年七届二中全会决定"干部必读"的12本书里，1963年毛泽东同志要求干部学习的30本马列著作里，都包括《联共党史》。可以说，新中国成立前后就是这部苏联的《联共党史》，在党的许多干部的头脑里构造了中国的社会主义之"梦"。1953年中共中央决定全党干部，结合贯彻执行"一化三改"的过渡时期总路线，学习《联共党史》的第九至十二章，把梦变成现实。中国广大干部和群众得不到苏联全面的真实的信息。就在中国学习苏联经验并进入社会主义改造高潮的时候，1956年2月召开的苏共20大上开始了对斯大林的批判。同年4月和12月中共中央先后以人民日报编辑部的名义发表了《关于无产阶级专政的历史经验》和《再论无产阶级专政的历史经验》，认为"斯大林的错误同他的成绩比较起来，只居于第二位的地位。"1963年9月13日发表的《关于斯大林问题》一文，认为赫鲁晓夫在苏共 20 大"全盘否定斯大林，是完全错误的"，否定斯大林"是为了否定斯大林曾经捍卫和发展的马克思列宁主义，为他们全面推行修正主义路线开辟道路。"由此，中国开始反对修正主义，防止出现赫鲁晓夫那样的人，推行"无产阶级专政下的继续革命"，直至发动"文化大革命"。迄今为止，国内对于斯大林模式的看法，仍然很难说完全一致。因此，谷先生对斯大林模式的分析具有重要的现实意义。

2. 假马克思主义的表现和实质

首先，谷先生阐述了僵化的斯大林模式从形成到失败的历史过程，对它进行了实践检验。1924 年列宁逝世后，斯大林采取极端的做法，迅速地消灭了"反对派"。在苏联当时生产力水平很低的情况下，利用政治和强制的手段实现了工业国有化和农业集体农庄化，并实行了所谓的计划经济，于 1936 年匆匆地宣布建成了社会主义国家。为了给其社会主义做论证，在第二次世界大战后又组织班子编写政治经济学教科书。结果，由于斯大林强制构建的所谓强大的社会主义国家，并不是苏联人民心中所期望的那种自由幸福的社会主义，1991 年"轰然倒塌"，曾经红极一时的苏联社会主义政治经济学没过几年就被人们弃之脑后了。（谷先生在这里是用幽默的语气表示斯大林组织编写的社会主义政治经济学的短命。该书 1951 年写出未定稿，苏共中央组织几百人讨论，斯大林到会讲话，1954 年出第一版，1955 年第二版，1958 年第三版，1962 年第 4 版。前三版都有中译本。第 4 版我国没再翻译出版。该书不仅对苏联而且对中国、东欧各国影响很大。东欧一些经济学家在批判该书的观点上花费了很大力气。中国十一届三中全会后"解放思想"，在相当大的程度上是挣脱苏联教科书的束缚。）

3. 掌握辨别真伪马克思主义的方法

谷先生以僵化的斯大林模式为例来说明辨别真伪马克思主义

问题，表现了他大无畏的精神，这也是他长期思考的结果。记得大学三年级的时候（1958年）我先是问季老（季陶达，1904—1989，时任南开大学经济系主任，教授），斯大林为什么认为生产资料不是商品？季老说，这个问题，你去问魏埙、谷书堂。我就问了谷先生。谷先生回答了我三个字："局限性"，因为就回答了这三个字，多一句话也没说，而且口气比较沉重，我也就没再问什么，把这三个字牢牢地记住了。我想谷先生可能从那个时候就开始对斯大林模式进行辨别了吧。半个多世纪后，当他论述辨别真伪马克思主义问题的时候，我们看到他已经积累了丰富的经验，具备了敏锐的分辨能力。谷先生并没有单独讲述辨别方法，而是把这些方法贯穿到对斯大林模式的分析中并在运用中展示出来的。其根本要领，就是掌握马克思主义的本质内涵历史唯物主义观，看是符合历史唯物主义还是违背历史唯物主义。具体来说，从他本文对斯大林模式的分析中，我们可以领会到以下几点。

（1）看是否符合马克思论断适用的条件。谷先生揭示了假马克思主义的一个基本特征，这就是："不分条件地照搬马克思的一些论述和结论""往往抓住马克思在某些特定条件下做出论断为依据，便以所谓的马克思主义进行自我标榜"。

（2）坚持生产力标准。马克思主义坚持从社会生产力出发，而假马克思主义总是脱离生产力的实际水平和要求。苏联在生产力水平很低的条件下实行工业国有化和农业全盘集体农庄化，宣布建成社会主义。

（3）看怎样对待群众。马克思主义代表群众利益，给群众带来实惠，坚持自愿的原则，采取说服的方法；假马克思主义利用强制的手段，损害群众利益，给群众带来苦难。谷先生指出，苏联是利用政治和强制手段实行工业国有化和农业集体农庄化的。

（4）看如何对待不同意见。马克思主义采取民主的、讨论的方法，允许保留不同意见。假马克思主义独断专行，搞"一言堂"，排除异己，消灭反对派。

（5）实践检验。谷先生对僵化的斯大林模式的分析就是运用实践检验的方法，通过揭露其所作所为的真相，让我们看清其假马克思主义的实质。

谷先生对僵化的斯大林模式的分析还告诉我们，只要掌握和运用历史唯物主义观，真伪马克思主义是可以分辨清楚的。

4. 深刻认识照搬假马克思主义的危害

谷先生进一步指出了辨别真伪马克思主义对于"马克思主义中国化"的重要意义。他说："在过去我们都把苏联当作学习的榜样，并且认真地学习它的方方面面。今天看来，这也可以算是当时的'马克思主义中国化吧'！但其结果很不理想，使我们走了弯路，让人民吃了苦头，最后我们不得不进行根本性的改革。"这说明了不分真假而照搬假马克思主义那一套给中国造成的严重危害，从而也揭示了改革的原因、性质、对象和方向。

5. 深化改革，构建制度保障

谷先生把对辨别真伪马克思主义的论述，落脚到"根本性改革"上。通过根本性改革不但要消除假马克思主义造成的后果，而且要杜绝其形成的前因。为此，要深化政治体制改革，建立有利于辨别真伪马克思主义的制度。特别是要按照历史唯物主义观改革和完善执政党的建设。我们已经废除了领导职务的终身制，还要进一步发扬民主，反对个人专断，实行集体领导，坚持群众路线，正确对待不同意见。

总之，僵化的、腐朽的、教条的东西就是假马克思主义。

四、名与实：谷书堂与"社会主义政治经济学"课程

第三刀：明确提出，社会主义政治经济学课程应该代之以"中

国现阶段经济问题研究"。

谷先生关于马克思主义的本质内涵是历史唯物主义观的思考，关于辨别真伪马克思主义的思考，是与他自己从事的学科，与政治经济学的教学和研究紧密结合的。文章的第三节专门论述社会主义政治经济学问题。他明确提出，"现在经济学专业的科目中还设有的社会主义政治经济学课程应该删除，而代之以'中国现阶段经济问题研究'。"为什么要这样做呢？他说：因为现在"世界上并不存在一个完善的社会主义社会"，无法"超前地编写出一本科学的社会主义政治经济学教科书"。这不单单是一门课程的名称问题，其实是马克思主义中国化的道路、方针和方法问题。他语重心长地说："这种从实际出发，运用马克思主义的历史唯物主义论的科学方法研究的实实在在的学问，虽无虚名，却可以收到实效，这不正符合马克思所倡导的实事求是的精神吗？"这个认识来之不易，是谷先生根据自己从 20 世纪 50 年代初以来从事政治经济学的研究和教学工作 60 多年的经验所得出的结论，是凭借他的全部经济学生涯的体验所提出的主张，是谷先生站在新的高度，反思历史和现状而发现的我国经济学研究和教学的出路。

谷先生结合自己的亲身经历论述了我国"社会主义政治经济学"产生和发展的历史。他把自己从事政治经济学的学习、教学和研究的经历分为改革开放前后两个时期加以反思。

前一时期的关键词，用他文章里的话说，是"照搬"和"误导"——"照搬苏联教科书""误导青年同学"。这是 20 世纪 50 年代的情况。新中国刚成立的时候，国内没有社会主义政治经济学。那时，苏联编写的《政治经济学教科书》正在准备出版。1951 年高教部举办政治经济学研究班，请苏联专家来讲课，其中有一位参加过教科书的写作，讲述了该书社会主义部分的内容。谷先生从 1950 年 10 月开始在南开大学担任政治经济学教学工作，经领导选拔去北京参加了这个研究班，得到了"真传"。他在文章里回忆说，"在 50 年代，苏联社会主义政治经济学教科书出版以前，我就在学校主讲包括社会主义部分的政治经济学课程，因为 1951 年我在北京跟苏联专家学习时，有位专家把后来出版的社会主义部分政治经济学的初稿讲出来了，那个时候我没有分辨能力，自己还觉得讲得很得意。现在回想起来，可以说是误导了青年同学。"这里所说的应该是我们政治经济学专业 1956 年级入学以前的情况。到我们 1956 年入学时，苏联政治经济学教科书第二版中译本已经出版，直接作为学生必读的教材了。那时，中国没有自己的教材。谷先生为我们班讲授政治经济学和经典著作。他讲课从来不照本宣科，而是经过自己的思考，融会贯通，用自己的语言来讲，启发学生思考。时间过去了 60 多年，谷先生深刻反思这段往事，不但表现出他本人的历史责任感，也反映了社会的进步。我作为学生，深受感动。谷先生在文章里深刻解剖自己，说"那个时候我没有分辨能力"。这恐怕不是谷先生一个人的事，而是整个社会都要吸取的历史教训。那个时候，我们无法得到国外真实的全面的信息，苏联的宣传机构不能把他们历史和现实的情况如实地告诉我们，我们依据什么来分辨呢？那个时候，我们是把苏联作为学习样板来宣传，把苏联的经济理论作为普遍真理来灌输和普及，不允许有疑义。那个时候，我们对于面临的重大理论问题和实际问题，难以展开自由的探讨。听上辈老师讲述过这样一段往事：解放初，老师们举行了一个人数不多的讨论会。在场的丁洪范教授（1898—1979）对西方经济学和马克思主义经济学都有所研究，对苏联计划经济有不同的看法，交谈中讲到了把马克思主义政治经济学和西方经济学结合起来，互相补充的思路，通俗地表述为"二马结婚"（二马，马克思和马歇尔）。改革开放以后，国内经济学界对马克思主义经济学和西方经济学都有了新的认识，西方经济学也成为经济学专业的一门必修课，马歇尔的重要著作《经济学原理》一书成为研究生必读的原著。这时，人们想起了丁洪范教授 30 多年前的发言。可是在 30 多年前，丁先生遭到了激烈的批判。在这种氛围下，年轻教师又怎样锻炼分辨能力呢？谷先生在文章里描述的自己在建国初期接受和传播苏联政治经济学的状态，是具有典型意义的。那个时期，学习苏联《政治经济学教科书》，实际上是我国社会主义改造和建设理论准备的一个重要的组成部分。不仅大学生要学，各级干部也要学。原书中文版印发达 345000 册，还出版了各种解释性读物，报刊设置学习专栏。照搬的人岂止大学教师，岂止成百上千；被误导的人岂止青年同学，岂止成千上万。说到底，这是斯大林的意图使然。斯大林在谈论苏联《政治经济学教科书》的"国际意义"时说："我们的外国同志……要向我们学习，并为了自己的国家来利用我们的经验。"他要求该书"能成为不仅是国内青年而且是国外革命青年的必读的教科书"（《斯大林文选》，人民出版社 1962 年 8 月第 1 版，第 606 页）。在这种情况下，谷先生说自己没有分辨能力，一点也不奇怪。分辨，以及把分辨的结论讲明白，都需要时间。谷先生在米寿之年讲出这句话，更显出他永葆青春的活力，思维的"宝刀不老"。

接着，谷先生为我们讲述了国内在 1958 年"共产风"之后编写社会主义政治经济学教科书的具体情况。他说："在这种完全不靠谱的经济基础上要求编写中国自己的社会主义政治经济学，这岂不是天大的笑话。"具体情况是这样的：1958 年"共产风"之后，中央要求编写中国自己的社会主义政治经济学，而且不只编写一本，中宣部组织编写，有条件的省市也要组织编写。那时南开大学归河北省管。从 1958 年底开始，中共河北省委宣传部就组织南开大学经济系政治经济学专业教师和高年级学生与该部干部、省委党校教员四十多人，集体编写社会主义政治经济学教科书。省委宣传部长做动员报告说：我们党领导的经济战线、政治战线、思想战线的社会主义革命有自己的创造，"三面红旗"已经在实践上突破了苏联的经验，需要我们做出自己的理论概括，要写出中国自己的社会主义政治经济学。谷先生是写作班子核心组的成员，参加了编写的组织领导工作，在十几个编写小组写出各章的初稿之后，谷先生与省委宣传部两位处长一起负责书稿的修改和总撰。1959 年庐山会议之后，谷先生遭到"反右倾"的批判，离开了编写组。在半个多世纪之后发表的这篇文章里，谷先生给这次编写的结果下了定论："当时我们除了照搬苏联教科书的一些教条以外，当然不可能编写出任何有价值的内容来。"这里所说的苏联教科书，就是指斯大林为了给其所谓"社会主义"做论证而编写的《政治经济学教科书》。

时隔 20 年，在改革开放年代，谷先生从 1978 年开始，先后主编了财经类本科大学生教材《社会主义政治经济学》（北方本）8 个版本，研究生教学用书《社会主义经济学通论——中国转型期经济问题研究》3 个版本，出版了专著《社会主义经济学新论》。对于改革开放时期的"社会主义政治经济学"，谷先生给出了"两点论"的评价：一方面，肯定"这种探索是实事求是的，它对中国的经济体制改革推进还是做出了积极的贡献。"另一个方面，他坦率地指出，既有的研究成果是"具体的零散的"，"既不完整，更不系统，难道这能算是社会主义政治经济学吗？"

在反思了探索社会主义政治经济学的全部历史之后，谷先生告诉我们：当世界上不存在一个完善的社会主义社会，又怎能要求上层建筑的政治经济学教师编写出一本科学的社会主义政治经济学教科书呢？所以，主张不再用"社会主义政治经济学"这个名称，而代之以运用历史唯物主义的科学方法研究的实实在在的学问，把这门课程的名称改为"中国现阶段经济问题研究"。谷先生的这个建议并不孤立，是具有广泛的代表性的。我们看到，已故经济学家董辅礽教授在武汉大学所作 14 个专题的演讲的总题目是《纵论中国经济》。经济学家吴敬琏教授在为中国社会科学院和中欧国际工商学院授课的课名都是《中国经济》，以讲义为基础写成的书叫《当代中国经济改革》。厉以宁教授的一部代表作叫《中国经济双重转型之路》。谷先生主编的研究生教学用书的副标题也已经是《中国转型期经济问题研究》。可见，谷先生的建议已经成为大势所趋了。关于在政治经济学研究中运用历史唯物主义的科学方法，谷先生在他的课堂上，在他写的教科书和著作里，都曾着重论述过。

五、宽与严："一生唯谨慎""大事不糊涂"

本与枝，不容模糊；真与伪，岂可混淆；名与实，必须相符。谷先生对马克思主义中国化的三个问题的思考，答案非常明确，界限清楚，有棱有角。另一方面，谷先生却要求自己"磨棱角"。记得，三十多年前，担任经济研究所所长的谷先生开始着手筹办经济学院的时候，有一次他到我家，说起他的工作。他说办一件事要一位一位地跟人谈话，谈话前做准备时，得自己先"磨棱角"，他在和人商量工作时对人尊重、体贴，不让人感到刺激、不舒服。他自己不但用历史唯物主义方法研究学问，而且用同样的方法做工作，为人处事，谨言慎行，严于律己，宽以待人。

谷先生在文章里论述马克思主义中国化，特别强调"实效"，他自己在工作中就注重追求实效。这是他从年轻时候养成的习惯。1956 年到 1957 年他给我们班讲授政治经济学，同时担任系主任助理。他讲课效果好，同学们都说他讲课思路清晰，逻辑性强，听得明白，没有废话。若干年后当同学们在一起说到这点时，他夫人伏老师告诉我们，他讲课前备课经常是熬到深夜。谷先生作为系助理，为了保障教学效果而精心组织全系的教学工作。从他负责组织编排的我们大学一年级的一张课程表可见一斑。在这张课程表里，上课的时间基本上都安排在上午，只有少量的课时安排在下午，晚上不安排上课，用于自学和辅导。外语安排在上午；体育课安排在下午。同一门课程，一次上课两学时；一门周六个学时的课程，在一周内分三次上，两次上课中间隔一天的时间；一周四个学时的课程，每周上两次，两次上课中间隔二、三天；一周三个学时的课程，不是一次上完，而是单周上四学时上两次，双周上二学时上一次。这样，上课时教师和学生都能注意力高度集中，不会感到乏味和疲倦，保证了课堂教学的效果；课前课后都给学生留有足够的预习、复习和课外阅读的时间，有利于学生自学，每一个学时都能得到合理的利用。尤其是每周平均三学时的课，不是一次上完，而是安排为两周上三次，每次上两个学时，不但使本门课程的教学效果得到保证，而且别的时间也能得到有效利用（一个单元四节课，如果一门课用三节，剩下的一节课时学生就不好安排了）。2012 年（时间过去 56 年之后），当我跟谷先生说起大学一年级的课程表的时候，他清楚地记得，那是请熊性美先生排的。

谷先生在文章里指出，斯大林在生产力水平很低的条件下"建成"所谓社会主义和我国照搬苏联，都是采取了"强制"手段。他深知强制的后果，自己在工作中就不用强制手段。《社会主义政治经济学》（北方本）出版不久，谷先生开始写《社会主义经济学新论》。我问他，有北方本了，为什么还要写《新论》呢？他说，北方本作为教材，受到一些限制，自己的思想不能充分地写进去。参加北方本编写的有 14 个兄弟院校的教师，他作为主编，对每位作者的初稿不轻易改动，不愿意在编写组实行强制。谷先生不强加于人，不勉强别人做什么。2004 年上半年，校党委布置各学院在校庆前编写出院史，谷先生应邀做经济学院院史编写顾问委员会成员，学院负责人委托他出面和我谈，想让我参加做一名执笔人。我经过考虑，跟他谈了自己的意见，表示不愿参加编写。他也就不再动员我，并且没有因此而不愉快。听说在拟定院史编写提纲时，谷先生曾提出要写上经济系 1977 年误发"文化大革命"期间编印的教材的事件，讨论会上有人提出了反对意见，谷先生便不再坚持自己的意见。谷先生性情随和，待人宽厚。1985 年他去邯郸讲学，当地一所高校的负责人请他做名义院长，他本来要推却，可是对方说，"您要是不答应，会使我下不来台"，他就应下来了。他主编的北方本出版了第 8 版，他因年事已高不能再担任主编了，但陕西人民出版社还想保留这个"品牌"，他就又帮着请主编再出一版。

谷先生以历史唯物主义观为指导，独立思考，有自己的思想；也能审时度势，讲究策略。近几年常和谷先生一起在他住宅楼前的桐柿花园散步聊天，谷先生说过两件往事。一件叫（不宜讲话的条件下）"闭住嘴"。说的是：1959 年"反右倾"运动中他被撤销党总支副书记、教研室支部书记、副主任等职务，大字报、大小会揭发批判，不准上课、不准写文章。后来中央决定"反右倾"运动不在县以下搞，校党委负责人通知他：你没问题了，可以上课写文章，你原来的职务就不恢复了，要求他注意和老先生划清界限。1962 年，"七千人大会"的精神传达到基层，南开大学经济系政治经济学教研室党支部组织学习讨论。当时为了扭转"反右派""反右倾"以后的"不敢讲话之风"，实行"三不主义"（不抓辫子、不戴帽子、不打棍子），鼓励大家发言。一些年轻教师针对 1958 年以来的"共产风、瞎指挥风、浮夸风"提出了批评意见。谷先生说他自己就是"闭住嘴"，一句话也没说。如此谨慎！我想也就是在"反右倾"运动前后这个时期里，谷先生的认识深化了，但那时的形势不是讲话的时候，他只能"闭住嘴"。后来，在 1962 年党的八届十中全会以后，在"社会主义教育运动"和"文化大革命"中，对他没有"辫子"可抓，而给他戴了个"黑后台"的帽子。另一件叫（工作任务不妥时）"磨洋工"。说的是："文革"

后期，天津市委宣传部模仿上海的做法组织编写社会主义政治经济学，校、系领导安排谷先生负责。他不便推辞，又不愿随波逐流。怎么办呢？按规定编写组必须有工人参加，可是参加编写组的工人都没学过政治经济学，谷先生就带着编书组的工人师傅一点一点地从头学起，这样来拖延时间。直到1976年大地震波及天津，编写组乘机解散，书还没动笔写。谷先生也就逃脱过了做论证的难关。

　　谨以此文及以下对联表达对谷先生的思念：

思才文才口才师才将才才华卓越可圈可点可歌可泣桃李满天下；
人性党性个性理性血性性情十足能动能静能屈能伸风范传世间。

2016 年 3 月

怀念先生不倦教诲，推动谷学研究兴起

刘玉录[1]

结识谷先生，是我军旅生活中的一次奇遇，也是我人生轨迹的一个经纬校准点。在我的心目中，谷书堂先生很像早时我读过的《隋唐演义》中的英雄豪杰，在学术场的征战中，无所畏惧，不屈不挠，披荆斩棘，英勇向前，取得了学界瞩目辉煌的理论成就。他点燃了中国社会主义理论经济学的一盏明灯，无愧是社会主义市场经济理论的旗手。

最初知晓谷书堂先生的大名，是在财经类的书刊上。当时，我在中国人民解放军炮兵学院训练部政治教研室讲授政治经济学理论课。教研室附设有一个很大的资料室，里面收集有社会公开和军队内部的丰富书籍、报刊与内情通报。在这些教学研究与部队政治思想动态的资讯中，经常能见到当时活跃于中国政治经济学领域前沿的名家信息，他们绝大部分在高校，像西南大学的刘诗白、复旦大学的蒋学模、吉林大学的关梦觉、辽宁大学的宋则行、西北大学的何练成、北京的薛暮桥以及厦门大学搞《资本论》研究的陈征，尤其是我的家乡南开大学的谷书堂教授等。这些老师们在我们年轻教员的心目中，如同灿烂星空中的北斗，是我们仰望和观察政治经济学走向的方位盘。

与谷先生第一次相遇，纯属偶然。大约是在 20 世纪 80 年代初，辽宁省社科联／社科院、辽宁省委党校及辽宁大学联合举办

---

① 作者是谷书堂教授 1993 级博士生，本文是作者为纪念谷书堂教授逝世一周年所写。

经济体制改革经济理论研讨会，邀请南开大学谷书堂先生（价值决定和价值规律）、辽宁大学宋则行（国民经济循环理论）、黑龙江大学熊映悟（生产力理论经济学）、辽宁社科院经研所王所长（经济体制改革理论）等进行专题报告。当时，我和教研室另一位教员受邀参加会议。会议在沈阳军区炮兵司令部驻地沈阳市皇姑区一个与辽宁大学一河之隔的叫作塔湾的地方举办，午间休息时，我恰好被分配在部队招待所与谷先生同一个单元的房间里。记得，这是两个标准间合二为一的房型，对着单元门中间是卫生间，进门一条走廊的两端是两个卧室，谷先生自己在东边的房间，我与南大经济系社会主义经济学教研室主任朱光华老师等三人在西边的房间。

按照会议安排，上午谷先生讲演《价值决定和价值规律》的题目。当会议主持者简要介绍演讲人情况之后和谷书堂先生走向讲台时，立刻引起会场的一阵骚动。只见一位高大雄伟、相貌堂堂、儒雅中略带威严、年富力强的具有大师风范的学者出现在大家面前。一口带着胶东口音的普通话，侃侃而谈的神态，使人们联想起讲演者故乡齐鲁古国孔圣人的高大形象。虽然对于我们来说，艰深的理论当时听得一知半解，但整个会场安静如水，大家聚精会神，恐怕漏掉一句话。午间休息时，虽然有幸与先生分在一个单元，但是由于我们初次与如此高大的经济学理论大家相遇，心怀胆怯，不敢去对面先生的房间问候致意。如傍神居，整个中午也没有睡意，索性与同屋的朱老师聊了起来。

在这里需要交代一下背景。当时军事院校的政治经济学课程属于政治课性质，记得当时研究教学大纲时，教研室主任对任课教员讲得很直接，说政治经济学课的理论宗旨，就是要把资本主义讲死，把社会主义讲活。研讨会结束后，我们教研室经济学教研组（我任副组长）组织讨论，由于教员本身的理论基础局限和教学目的限制等原因，对会议上谷先生所主张的二重含义社会必要劳动共同决定商品价值的理论观点，在理解上发生了偏差：不仅没有把它作为社会主义商品经济的理论依据，反而把《资本论》三卷所表述的第二含义社会必要劳动概念，作为论证当时计划经济体制（通过计划）按比例分配社会劳动的经典依据。

20 世纪 80 年代初，为了适应国内外形势迅速发展的需要，军事院校作为政治课设置的政治经济学课程，面临着内容与结构的重大调整。当时，社会上思想理论界相当活跃，我们在政治课教学中遇到的理论困惑与不解难题越来越多。中间，我受部队组织上的派遣安排，先后参加第二地面炮兵学校政治队（一年半）、国防大学政治学院基本一系（半年）、中央党校《资本论》研究班（一百天）以及辽宁大学经济管理学院助教进修班（一年）等多方的政治经济学与马克思主义理论研习班进修；同时，由于我是工农兵学员，不满足于此，于是我与经济学教研组几名青年教员报考了辽宁大学经济管理学院四年制的函授大学，每周两天骑自行车往返两个小时的路程去辽大听课，业余坚持经济理论学习。

而后，为了更好地担负教学任务和比较深入地系统学习政治经济学理论，经组织批准，我同时报考了南开大学经济系与华中师范学院（大学）政治系政治经济学专业硕士研究生，被同时录取。入学南开后，经济学院同级研究生的经济理论基础课，在圆形教学楼阶梯教室一起上。经济系与经研所的研究生开设了社会主义经济理论共同课专题讲座，记得第一讲由时任院长的谷先生担任。这是我第一次较近距离作为听课的学生面对着先生，心中很是激动，也感到十分自豪。当时虽然还不敢生出将来做谷先生亲传弟子的奢想，但是已在他掌控影响之下的学院里潜移默化地、程度虽浅但逐渐积蓄的理论熏陶之中。

20 世纪 80 年代，受国家物价局主管委托，由南开经研所主办和刘佛丁、赵兴汉两位老师主编《价格理论与实践》杂志月刊。在学期间，我在此刊 1990 年第 5 期发表了一篇约 6000 字左右的文章《也谈价格刚性》。届时，谷先生的博士生蔡继明的夫人白丽健老师是该刊的编辑。一天，蔡老师在教室找到我，让我看他手中的刊文杂志。我在这篇文章题目旁看到谷先生写的批语："对这位青年作者学生要加强培养。"这虽然是一句简短鼓励的话，却无形中拉近了我与先生的距离，也给了我在学海中向前搏击的鞭策力量。

大约是在 1990—1991 年间，社会上掀起一股反对资产阶级"自由化"的风潮。我入学后，因是解放军现役学员，被指派担任系里同年级研究生班长。一天，班里一位同学告诉我，根据《红旗》杂志社论传达的精神，系里有的老师要联合北京的一些学者，针对谷先生在《经济研究》发表的文章观点搞批判会，批判作者的"自由化"倾向。我听到这个消息后，立即赶到学院的资料中心，找到谷先生发表文章的杂志和刊登社论的《红旗》杂志，借阅到宿舍仔细阅读。当时，虽然我还不能完全理解先生所撰文章的深刻含义所在，也没有从中发现什么不妥的东西，但是凭着对《红旗》这篇充满火药味社论的直觉，感到事关重大，马上联系到蔡继明老师，托他尽快转告谷先生这一情况，以防不测。后来，系里主管研究生思想工作的辅导员老师找我谈话，批评说什么我挑拨院里老师之间的关系，遭到了我当然的反驳——我说，暗地策划批判院领导谷先生才是破坏老师之间的团结，甚至问题的严重性不止于此。他又提出，需要我在研究生班里做一个检讨，被我拒绝。为此，给我出了一系列难题，说什么我的党费交迟了等等。当时，我的导师夏长森老师专门找谷老师反映了这一不正常的情况。后来，他们暗地发动学生，以班长改选的名义，免去了我的班长职务。对此，我不仅没有丝毫后悔，反而觉得能为先生做点什么而感到欣慰。

1992 年夏，我从南大经济系硕士研究生毕业回到炮兵学院。首长表扬我完成了学业，战友们祝贺我，认为作为炮兵学院恢复后的第一个全国名校培养出来的经济学专业硕士研究生，又已经（1990）提拔为团职干部，有着很好的发展前途。然而，经过几年在南开的学习，我的心中却另有想法。三年的在校学习，使我耳闻目睹了南开经济学院浓厚的学术风气与健康严整的院风，除了院里滕维藻先生、熊性美先生、钱荣堃先生、魏埙先生，以及系里高峰老师、张仁德老师与我的导师夏长森、顾金吾老师等诸位师者渊博的知识和与人为善的风范，对主政学院和经研所的谷先生更有了进一步的了解和深刻的印象。特别是，1992年正值谷书堂、宋则行联名主编的"北方本"荣获国家教委优秀教材一等奖之时，经济学院在读研究生掀起了一股阅读谷先生主编、先生弟子任分主编的《社会主义经济学通论》的热潮，一时"洛阳纸贵"。记得，当时由在读谷先生的博士生柳欣老师在所里负责发售《通论》一书，对在读研究生以优惠价半售半赠，我也获得了一本（第一次印刷，上海人民出版社，至今仍在我的书架上）。匆匆地通读该书，作为读者虽然还不能全面、系统地理解它蕴含的深远理论意义和颇具风险的创新精神，但是在心目中对主持这一浩大理论工程的谷先生作为经济学大家，其博大精深的学识、经天纬地的建构谋略，以及他作为思想旗手所统率的经济学年青团队，有了较之以往更为清晰的认识，萌生出要做谷先生入门弟子的想法。经请示炮兵学院首长批准，几个月的准备之后，考取了谷先生1993级社会主义市场经济理论方向博士研究生。这无疑是值得庆贺的，但是这也意味着对于我个人来说，长期部队生活铺就的仕途之路改变了方向，转向了一个相对陌生与清苦的治学道路。

入学后，除了听取谷先生为学院本届博士生开设的社会主义经济理论共同讲座课之外，第一学年先生同年招收的吕国平、聂慧（直攻博）与我三人，每周由谷先生单独上课半天，中间布置读书书目，撰写读书笔记，事后将作业交给老师检查。中间，为了拓展学习思路，谷先生以自己的科研经费，委托我到湖南长沙参加由该省市场经济研究会组织的"中国社会主义市场经济理论研讨会"。会议期间，张红会长向我仔细询问了谷先生的近况，并让我转达他对先生的问候与敬意，使我感到谷先生威望的影响之广泛。

在博士生上学期间，我对自己未来的去向有所考虑，由于专业的限制将来已不适合在部队工作。但是，当时解放军三总部（总参、总政、总后）有文件专门规定，具有研究生硕士以上学历的干部，除因病或年龄原因外，不安排转业到地方工作，因故需要转业的，需要报三总部批准。为此，部队首长考虑到我的情况给予了照顾，将我的学历变通填为大专，这样顺利履行了手续，转业到天津市房地产管理局工作。自此，与新时期即将复兴的中国房地产业结下了不解之缘。依组织安排，我先后兼任市房地产研究会副秘书长及房地产协会、学会研究（专家）委员会主任委员。转业到房地产行业后，我即将从事的职业和与此相关的大量社会活动，自然与我当初报考谷先生社会主义市场经济理论方向不是十分吻合。为此，我心中产生了忧虑，担心学非所用、用非所学。而且，更为严重的是，这会直接影响到我的学位论文选题。实际情况却是，我的思想状态早已在先生的掌控之中，这是我事后才知晓的。在一次试探性的面呈谷先生论文选题时，意想不到的是，先生对我说，他也有兴趣搞一点房地产方面的研究，并鼓励我说，可以在房地产业、不动产理论中选择学位论文题目。他说，还没有指导过这方面的学位论文，很愿意做一下。如阳光透过云层洒向大地，这番话无疑给了我以莫大的鼓舞和鞭策。

当时国家的大背景是，一方面，时任国务院副总理朱镕基在听取国务院房改办领导小组汇报时发表了重要的谈话，说："要研究刺激消费的新市场，增加直接消费。研究新的经济增长点、新的消费热点……现在看来还是增加住宅建设，加快住房制度的改革"（以下简称"两新两点"）。我想，先生讲自己有兴趣搞一点房地产研究，很可能与这一重大现实经济问题有关；另一方面，由于工作单位性质的关系，我接触到当时国家宏观背景下的房地产业发展以及与此相关的城市住房制度改革与住宅产业化、商品化等诸多现实问题，积累了不少的资料，也发表了一些相关的研究性文章，这些都为做学位论文奠定了基础。后来在论文答辩会上，来自北京大学经济系董黎明教授、中国社科院经济研究所杨鲁研究员（联合国基金中国城镇住房制度改革项目主持人与国家房改政策设计人之一），以及南开大学经济研究所曹振良教授、经济系郭鸿懋教授等当时国内房地产业理论与城市经济学领域的翘楚，对论文给予了肯定，顺利通过了答辩。

在论文写作以及其后的较长时间里，我经常就房地产业的一些产业理论与实践问题请教谷先生，并利用社会兼职与工作单位的方便，在先生时间允许并愿意参加的前提下，邀请他参加一些产业论坛并发言。我心中明白，房地产业并非先生的"主业"，之所以有请必到，既是出于对自己学生的支持（如此具体专业内容的研讨，能请到谷先生这样的经济学大家，确为罕见）；同时也是先生对当时国民经济重大现实问题关注的体现；再次不排除先生有意识地潜移默化地影响、帮助我选题房地产业内容的可能。现在回想起来，在这方面记得清楚的有以下几件。

（1）尽管国务院 1992 年 61 号文件已明确提出"房地产业……将成为国民经济发展的支柱产业之一"，但是由于传统观念的作怪，以及不久前 1988 年前后发生的较为严重的通货膨胀的影响，社会上仍然把房地产视为"通胀祸首""炒买炒卖泡沫"的观点大有人在。1994—1995 年间，我感觉到对房地产业尤其是其中占绝大部分比重的住宅业在现阶段国民经济中的地位与作用的认识有待澄清。当时由于城市住房制度改革伊始，城市职工、居民对取消福利分房而自己家庭掏钱买房住不认可，因而全国积压了 3000多万平方米的新建商品住房。对此，国家建设部以及地方房地产业与建设部门两级政府都比较忧虑。在此背景下，我利用几个月的业余时间进行研究，于 1995 年初投稿，由国家建设部主管的《住宅与房地产》（深圳）月刊杂志发表了长文《中国：经济起飞时期的房地产业》。

此文从国内外文献对房地产、不动产在国民经济中产业定位的讨论出发，透过工业国家（地区）经济起飞阶段房地产业投资情况的考察，依据房地产业在经济发展中兼具的主导性与派生性（辅助性）的二重特点，将房地产业定位为（中国）经济起飞时期的"准主导产业"。凭借此文，作者受邀参加中国房地产业协会主办的"1995 中国房地产论坛"年会（1995 年 10 月 12 日，北京），此文在大会交流并收入该年论坛文集（中国建筑出版社，1996，第 105 页）。会后，拿着论文打印稿，我到谷先生家里请教于先生，先生当时并没有过多地说什么。后来，在确定我的学位论文取向于房地产方面的内容后而开始写作时，在谷先生给我参阅的他一份手稿中，显示出他对房地产业，包括我请他审阅的论文观点，曾经进行过认真深入的思考。其中，占五页纸，以题为"对房地产业和物业管理的几点思考"（1995 年 11 月 21 日）里，分别以"治坡与治窝""周期与大起大落"和"当前形势"等小标题对问题进行梳理，做出"房地产业是一种产业，也是一种生产要素，所以在经济起飞时，它不仅应同步发展，而且要超前发展一步"的判断。

自朱镕基关于住宅业"两新两点"讲话后，国内大中城市房地产与建设部门掀起贯彻和宣传落实的高潮。由我所供职的市房地产管理局领导孙华起局长主编，局综合处长杨晓东与我作为责编，迅速编写了一部十六开大字本内部刊印资料《住宅产业应该成为新的经济增长点》（1996 年 9 月）下发。而后，市建委、市房管局组织了一系列的工作安排和宣传活动，贯彻国务院精神。其中，在 1996 年 11 月 9 日，在天津日报大厦召开了相关大型研讨会。我利用工作之便，经领导同意，邀请到谷先生参加本次论坛。先生经过充分准备，拟就了长达十二页手写的发言提纲，以《谈谈住宅建筑产业的商品化问题》为题，进行了颇具影响的较长时间的发言。

谷先生在发言中，以严谨的治学态度与方式，首先论证了把住宅作为一个重要产业并作为新的经济增长点来抓是可行的，也是具有条件的；紧接着，按照思维逻辑，说明住宅建筑业要能成为新的经济增长点需要把握的两点：第一是人均收入所达到水平的时机把握，第二是应该注意发挥住宅建筑产业的带动效应；最后，先生设问道：既然我国现实已经具备了发展房地产业特别是住宅业的可能性，为什么这几年（市场）一直比较冷清呢？先生认为，一是房地产业投资规模缺乏控制，大上大下，二是对住宅建设这个准产业没有定位，从而导致住宅市场发育不起来，大量（新建）商品房销售不出去，无法形成产业循环。

谷先生的发言高屋建瓴，从理论与实践的结合上，回答了社会上对房地产业特别是住宅业发展的障碍与思想困惑，点名了现实亟须对住宅产业定位和投资规模的把控问题，对与会的实际工作者与产业理论研究者如醍醐灌顶，豁然开朗。与会的市建委、市房管局与社科联等领导，对谷先生出席当天的会议和所做的高瞻远瞩及操作性十分强的发言，表示衷心的谢意和极高的评价。通过这次论坛尤其是听了谷先生的发言后，更加坚定了我完成以房地产住宅产业为内容的学位论文的信心。后来在论文写作中，谷先生把记录他本次会议发言详细提纲和前面提及的 1995 年 11 月 21 日的思考记录的黑皮笔记本交给了我，让我使用参考。这对于我理清思路、确定观点、安排论述逻辑，起到重要的旁及不可替代的关键性作用。

在近十年中，经研所和经济学院组织了几次谷先生的祝寿暨学术研讨活动。2010 年 10 月 16 日，庚辰年九月九日重阳节，在津利华大酒店隆重举行谷书堂先生八十五寿辰纪念活动，借此机会，在弟子们及与会者即席自由发言阶段，我朗诵了一首《贺谷书堂先生八十五寿辰》，以表达多年来心存的对恩师的谢意：

津利华上现重阳，三千弟子拜瑞祥。

高朋满座有鸿儒，腾龙起凤云绕梁。

道德文章名海内，学术泰斗在庙堂。

斯密圣经布讲坛，科斯定理书墙上。

必要劳动释新意，贡献分配敢主张。

北方本是开山作，新通论如钟鼎响。

桃李遍栽五湖内，敢为社稷输栋梁。

南开园里擎天树，威海卫府题金榜。

朋友们，师长们，师兄弟们，来来来，

金樽高举敬吾师，双手合十谢建章。

（3）2012 年秋，经研所王璐老师受柳欣所长委托给谷先生的学生们发出《谷书堂学术经历与学术思想述评》（暂用名）编写设想提纲，征求弟子们的意见并选择自己写作题目意愿。我感到这是一个有别于已出版的《谷书堂文集》题材，采取第二人称回顾先生学术生涯的编年体纪实性著作，它对于引导经济学后来者加深对谷书堂先生学术思想与人格魅力之形成路径与境界的了解，是十分有益的。基于对此事的认识和对先生的敬仰，我冒昧地专门打印了一封致谷先生 5000 余字的信件，就本书的名称、主编及撰稿人、全书的体系编排和写作体例与风格等方面，无保留地汇报了自己的想法，附带我新近在北京一个刊物发表的一篇长文《社会主义市场经济的理论创新》等复印件，以快递发给了谷先生。在后来我承担的《谷书堂中国发展经济学构想》题目的写作中，除了与主编柳欣教授、主编助理王璐老师保持不间断的联系与沟通外，多次去谷先生家里请教写作中的问题。其中，尤其给我留下终生难以忘怀并使我深受感动的是中间一个插曲。

　　按照本书主编助理王璐老师受柳欣主编委托，2013 年 1 月 5 日所发邮件所附谷书堂先生亲拟的提纲中，在"自由探索的专题研究"部分所列的"对经济学发展前景的思考"，透过《谷书堂文集》的有关篇章，我觉得先生对发展中的中国经济学抑或中国发展经济学，有着与国内外其他学者不同的、独到的理解和重大且深远的企望。在他心目中的中国发展经济学概念，从总体上看，并非指现存的西方发展经济学体系，也不是发展经济学的中国化版本，确切地说，是指中国经济学（理论经济学、政治经济学或社会主义市场经济学）的创建。正如他本人所说，"总之，强化经济发展问题研究是中国理论经济学发展的基点之一，也是中国经济学界为现代经济学发展做出贡献的一个希望所在"（《谷书堂文集》，第 1007 页）。经过近一个月的阅读和思考，我斗胆拟出《谷氏中国发展经济学构想》，于 2013 年 2 月 3 日同时分别发到柳欣教授与王璐老师两位的邮箱，此时已是农历腊月二十二，临近小年。

　　在感觉漫长的等待回复的日子里，我心中忐忑。因为平时我从事的是较具体的对策应用研究，到底游离严格的学术环境之外已经很长时间，对于博大精深的经济学还处在粗浅的认知路途中，毛遂自荐写这样的纯学术东西，确有些唐突与后怕。2013 年 2 月 24 日正月元宵节，主编柳欣所长给我发来短信，说他春节全家去澳门旅游，对我春节前发给他的写作提纲电子邮件，没有及时回复，表示歉意。对此，我深有感触。柳欣作为谷先生的高足，在师兄弟中是公认的佼佼者，主政经研所多年，但他从来都是以平等善意的态度对待与他接触的人，哪怕是他的学生。这也是我们至今仍不时怀念他作为谷先生后来者代表的原因，也使我们时常想起来他英年早逝大不幸就扼腕遗憾。同年 4 月 2 日，王璐老师发来经谷先生修改后的全书写作提纲，在"部分博士对谷书堂老师面面观"的部分，作为附二，列出了《谷书堂中国发展经济学构想》的具体纲目。这样，一块石头落了地，我便开始了紧张的阅读和写作。

在《谷书堂中国发展经济学构想》一文的写作中，得到了谷先生与柳欣主编自始至终的指导与王璐老师不厌其烦的耐心协调，中间几次到谷先生家里请教，柳欣主编或直接或委托助理王璐老师与撰写者保持着联系，不吝赐教，大有指导学位论文的架势与态度，使我受益匪浅。后来，在分散撰写的各篇文章集中成书时，由于柳欣主编的突然不幸离世，对我原拟题目内容含义的理解出现重大的分歧，要求重写。这是我所意想不到的情况，事关重大。实际地说，这篇文章从 2013 年 2 月初拟出提纲之前，到提交稿件的 2014 年 4 月 10 日，整整花去了我十五个月的时间，形成了 11 万余字的打印稿子，其写作水平不敢言，但若断言词不达意和走偏了题，我是接受不了的。我经过反复考虑，为了交流方便，给谷先生写了一篇 5200 余字的说明材料，题目为《执笔人对"谷书堂中国发展经济学构想"体例的说明》，打印后放大四号字，送到谷先生家里，并当面进行了简要解释。

这篇说明性文字，从"谷书堂发展经济学"的含义、关于《构想》一文内容三个部分的安排、关于《构想》中在一些观点上的发挥等三个方面，对该文的构思、依据、论证逻辑等进行了具体和较为详细的说明。为说明问题，在前两部分表述中，占 61.25% 的文字引用了《谷书堂文集》先生的原话，以正视听，正本清源。过了一些日子，之后的 4 月 28 日，王璐主编助理发来电子邮件，转达了谷先生的意见。讲道，谷先生认为，作者为书稿付出了很大的心血，这是非常值得肯定的。只是由于全书篇幅的限制，谷老师建议把已成书稿的内容缩减成一万字，最多不超过两万字的样子。这意味着谷先生肯定了原稿的内容，不需要重写了，这让我深深地感到"知徒莫过师"的古训。

在撰写《谷书堂中国发展经济学构想》的日子里及其后与先

生的接触中，特别是在先生的高足柳欣教授英年早逝后，谷先生与我谈话中不止一次地流落出忧虑的心思。他感慨道，像柳欣这样的长时间肯于坐冷板凳安心做学问的中青年教师越来越少了，后来者式微，虽然"枝叶看似繁茂"，但干支已经凋零萎缩，弟子们天南海北，无法形成强有力的团队。先生倾其一生献身的中国政治经济学，作为派生的经济学科——管理学、金融学、计量经济学、商业经济学、统计／会计学等学科的理论基础和经济学大系的基础，后继乏人。是啊，先生绝非杞人忧天。我理解先生的心情，他绝非为自己的师徒传承忧虑，而是为了他长久以来所期望的建立中国理论经济学（中国发展经济学、中国政治经济学及中国社会主义市场经济学）而着想。中间，他曾不止一次地对我说起，想写一篇关于互联网时代条件下的劳动价值论文章，一个九十高龄的学人对马克思主义经济学的基本范畴仍如此眷恋，令人感动。

我记得在 2014 年 10 月 14—15 日谷书堂先生九十华诞活动期间，在第二天于经研所会议室举行的《不平坦的治学路——谷书堂学术经历与学术思想述评》一书的发布会上，受几位与会撰稿人之前发言的启发，我在发言中提出，为了传承谷书堂先生的学术精神与理论思想，有必要借鉴长期以来国内学界对古典名著曹雪芹《红楼梦》的研究，即"红学研究"的做法，在南开大学经济学院正式提出"谷学研究"的概念。建议经研所以及经济学院整合谷书堂经济思想研究力量与研究资源，以"互联网＋"网络方式运作研究工程，广泛联系海内外谷先生的亲传弟子、再传弟子以及一切有志于该项研究的专家学者，形成强有力的研究系统。

第一，以谷书堂基金，资助"谷学研究"相关著作与研究成果的出版刊印，赞助"谷学研究"相关研究项目的立项，开展"谷学研究"学术研讨活动。

第二，利用多媒体视觉技术，拍摄"谷学研究"专题片和光盘，存放在学院闭路网络和腾讯优酷网上，形象化地记述与宣传谷先生的治学之路与取得的显著学术成果。

第三，以谷先生亲传弟子为核心，建立"谷学研究"联系会，将联络处放在经研所"谷学研究中心"，在先生的诞辰日或新生开学季—毕业季，适时召开"谷学研究"理论研讨会。

我在发言中提出的这个意向，得到本次会议主持者以及参加会议的本书出版单位——山西经济出版社社长兼总编辑赵建廷先生及本书责任编辑曹恒轩老师等多人的赞同。时隔两年之后，谷先生已经离开我们驾鹤而仙去，我们今天为了纪念先生而书写之文字，也算是对上面建议的一种实现方式吧。

2017 年 3 月

谷书堂教授雕像创作过程感想

杨　光[①]

一、创作过程

谷先生雕像是雕像史上的创新尝试，是雕像艺术与 3D 成像及 3D 打印技术的有机结合。

1. 深圳易尚公司是国家高科技文化企业和上市公司。易尚公司开发的 3D 扫描技术产业，目前广泛运用于考古博物馆的珍稀文物以及工业品展示的数字化重构领域。通过对照片扫描构建三维图像是一个新尝试。易尚公司电脑工程师根据所提供的谷先生照片并参考网上搜集的谷先生正面及侧面照完成三维构建。

2. 谷先生雕像的正面及侧面仿真过程。电脑识别照片具有极高准确度，经识别后的雕像正面与照片的吻合概率可达到 95%以上。电脑识别人像的难度在于侧面。目前，3D 成像技术多采用可悬转多摄像头多角度拍摄的办法解决。当只有照片时，解决这一难题主要依靠用初步构建 3D 图像，按不同侧面照的尺寸进行同比例的透视比对，逐步修正。

3. 三维成像技术制作雕像的缺陷。照片是人眼的直接识别，双眼聚焦后会在人脑中生成三维成像。雕像与摄影的本质区别在于，无法精细准确地表达丰富外在的表情。相对于照片，雕塑做不到细腻，要追求厚重内在的神韵。3D 成像后的塑像，可以完全按比例复原照片，但不可能达到照片的细腻，也不能有雕塑神韵。

---

① 杨光系深圳易尚展示有限公司、深圳雕塑院雕塑家，雕塑设计创作者。

因此，其雕塑只是高科技的工艺品，不能是艺术品。

二、追寻谷先生足迹，捕捉谷先生神韵

追寻谷先生的足迹：当而立之年即展露学术风采，一生坚守商品经济市场经济理念，无论是受到不公正批判还是受到广泛赞誉，终生保持着探索者品格和思想家深邃洞彻力。从基础理念突破，逐渐形成学术大厦，成为我国经济体制改革的理论奠基者；追寻谷先生足迹，在学术成就到达高峰之时，著书立说，传道授业，答疑解惑，贤人70，弟子三千，主编的教科书哺育了几代经济学子。

捕捉谷先生的神韵，有相貌威严，仪表堂堂与慈颜善目之神，亦有端庄厚重、谦卑含容、心存济物、事有归著之韵。

毋庸讳言，以一座雕像反映谷先生波澜壮阔的一生难度是极高的。以慈祥难以反映谷先生历经磨难，以威严难以反映出谷先生的包容。

作为后辈仰望高山，期望谷先生的雕像能够成为民族精神的象征，有探索者的坚持，有思想家的深邃，有导师有教无类的慈颜。

在完成的几个初稿中，有的偏重了坚持与探索的艰辛与面对压力时的冷静，有的增大作为导师的仪表，有威有慈。

作为一个总的思路，晚学期望谷先生的雕像能够以端庄厚重、谦卑含容、心存济物、事有归著，立于南开园，以无声之尊启迪后人。

2017 年春

谷书堂先生雕像（捐建者：张思民；创作者：杨光）

谷书堂先生（1925—2016），山东省威海人，著名经济学家、教育家；21岁入南开求学，毕业后留校任教，凡七十载。其间，兢兢业业治学，在社会主义商品经济理论、价值理论、分配理论和社会主义政治经济学理论体系创建方面，卓有建树。先生追求真理的探索精神，坚守信念的强韧品格，为学界所景仰。

先生历任南开大学经济学院院长、经济研究所所长，为南开经济学科之发展，鞠躬尽瘁。

为弘扬先生之精神，铭记先生之教诲，众同仁及弟子特立此雕像纪念。丰碑峨峨，山高水长！

2017 年春